AF481898

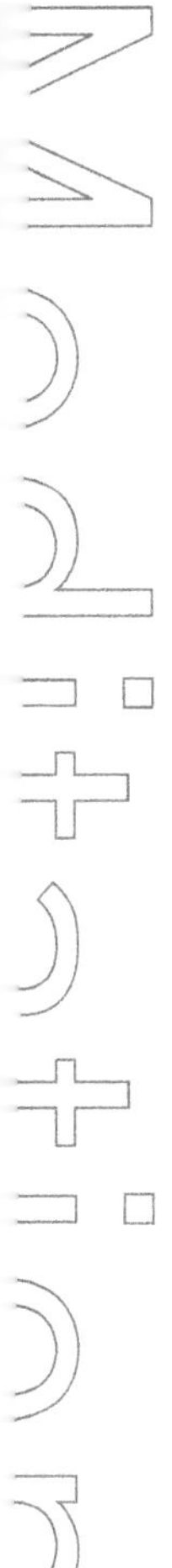

感觉累了就冥想吧

北方文艺出版社

图书在版编目（CIP）数据

感觉累了，就冥想吧 / 李上卿著 . — 哈尔滨：北

方文艺出版社 , 2013.12（2017.6重印）

ISBN 978-7-5317-3216-7

Ⅰ . ①感… Ⅱ . ①李… Ⅲ . ①心理保健 – 基本知识

Ⅳ . ①R161.1

中国版本图书馆 CIP 数据核字（2013）第 286470 号

感觉累了，就冥想吧

GANJUE LEILE JIU MINGXIANG BA

作 者 / 李上卿

责任编辑 / 王金秋

出版发行 / 北方文艺出版社　　　　　网 址 / www.bfwy.com

邮 编 / 150080　　　　　　　　　　经 销 / 新华书店

地 址 / 黑龙江现代文化艺术产业园 D 栋 526 室

字 数 / 110 千　　　　　　　　　　印 张 / 12

版 次 / 2014 年 2 月第 1 版　　　　印 次 / 2017 年 6 月第 2 次印刷

书 号 / ISBN 978-7-5317-3216-7　　定 价 / 46.00 元

前　言

很多人都听说过冥想，可是冥想到底是什么呢？其实冥想就是排除一切杂念，是一种不受任何外来干扰的、放松的状态。

冥想很古老，但并不神秘。在科学发达的今天，冥想不仅没有没落，反而是让更多的人受益。冥想成为时尚，不是因为它的神秘，而是因为它的巨大功效得到了科学的解释和验证。

1973年诺贝尔物理学奖获得者、英国物理学家约瑟夫森说："以冥想开启直觉，可获得发明的启示。"

美国前副总统科尔、苹果前CEO乔布斯、好莱坞知名演员兼导演克林特·伊斯特伍德以及日本松下电器创始人松下幸之助等，都是冥想的受益者。

2003年8月，美国《时代》杂志刊发了专号"冥想的科学"，其中提到："各式各样的美国人都在用冥想来提高自身的免疫系统，来减轻压力。"

2008年9月，一本叫作《工作累了，就冥想吧：每天二十分钟的自我净化》的书，登上了日本经管类畅销书榜首，成为被压力困扰的日本职场人士的减压法宝。

由于现代社会快节奏、高压力的生活方式，几乎每个人都疲于奔命，导致身心处于非常紧张的状态。每天有点累，时间长了，疲劳就像毒素一样越积越多，便会出现各种问题：精神恍惚、肩头酸痛、失眠、健忘、烦躁易怒、提不起神、胀气腹泻……其实，有一个很简单的方法就能彻底解决这些问题，帮助你获得完全的休息，恢复百分百的精力，提升自己的记忆力、专注力和决断力，这就是冥想。在办公室里，面对堆积如山的工作任务，你可以用5分钟左右的集中冥想来消除工作负担。哪怕是一小会儿，冥想可以使你的心里变得安静而平稳。这么一来，你就会抓住工作的头绪，进而可以提高工作的效率。

冥想是一种简单、自然、不费力的程序，每天可以练习两次，每次15~20分钟，就能让你的心神安定下来，并体会到思想的源泉和最内在的"本我"。冥想不是宗教、不是哲学，它是某种生活方式，也是最有效的自我发展的方法。公园的草地上、宽敞的室内场馆中或是舒适的椅子上，都是适合冥想的场所。

自文明伊始，心灵的宁静就一直是人类追寻的终极目的。而冥想将帮助人们达到个人与外界的和谐状态，启发人们走出灵魂的困境！阅读本书将会提高你的情商和智商，帮助你摆脱困境，走向内心平和的世界。

目录

第二章　冥想初级修习：想象

第三章　冥想中级修习：暗示与催眠

第四章　冥想终极修习：放飞心灵

第一章

冥想，发现我们内心的力量

冥想，找回心灵深处的宁静

继瑜伽之后，另一种锻炼方式日渐盛行，这就是冥想。冥想的原理在于：一天花10到40分钟静坐，将注意力集中到一次呼吸、一个词语或是一个形象上，你就可以训练自己将注意力集中在当下的时刻。和瑜伽锻炼身形的作用比起来，冥想不仅可以锻炼身体，更重要的是它可以改善人的情绪，达到真正的"修身养性"。

一个人冥想时，他会暂时远离现实世界的喧嚣，找回心灵深处的本真宁静。在这个过程中，不仅心灵得到了最大的安定，身体也会得到最大限度的放松，寻回健康和平衡。

冥想是一种心灵自律

什么是冥想？冥想是一种意境艺术，从严格意义上讲是一种感觉范畴的理念，只有个体通过实际体验才可以真正理解。在我们这个时代，情绪很容易受到波动：亲情、爱情、友情带给我们的喜与忧，学习、工作、升迁降职带给我们的躁动，还有那不可抗拒的生老病死引起的恐慌……而冥想，简单地说，就是停止意识以外的一切活动，达到"忘我之境"的一种心灵自律行为；是意识在十分清醒的状态下，让潜意识的活动更加敏锐与活跃。

日本作家大川隆法在他的书《冥想的奥秘》中对冥想的本质进行了如下阐述：

"冥想"这个词语写作为闭目而思（日语冥想写为"瞑想"），意如其字，冥想就是隔断三次元世界，开始与远离这个世界的灵界、实在界进行交流。冥想就是这种方法。

……

生活在地上界的人，背负着巨大的不利条件。那就是当灵魂宿于肉体时，人们倾向于忘记原来的世界的模样，忘记自己原本是灵。对于这样的人，神大发慈悲，赐予他们与实在界互通讯息的方法，这种方法就是调节内心。冥想就是其中一种有效的方法。归根结底，冥想是什么呢？冥想的主要着眼点就是：如何调整内心，如何调整心的波动与波长。

……

为了能够释放波动，首先准备阶段有呼吸法。静静地重复呼吸，调整身体的节奏，通过调整身体来调整心的节奏，然后让心的波动飞向那静寂的世界，飞向那广阔而无限的世界，展翅翱翔。这就是冥想的本质。

也就是说，如果用一句话定义冥想，那就是调整心的节奏，达到可以与实相世界交流的状态，将自己置于这种状态之中。

看完了大川隆法对冥想的解释，我们或许明白了冥想是怎么回事，其实冥想并不是新生事物，它已经存在了数千年。冥想来源于佛教，过去人们一直把它看成是宗教中的一种神秘仪式，并没有多少人去尝试练习。20

世纪六七十年代，科学家们开始对冥想进行正式研究。首先，印度研究者B·K·阿兰德发现，冥想者的注意力非常集中，可以让自己陷入仿佛沉睡的状态之中，就算用温度高的物品刺激他们手臂，冥想者也不会有什么反应。他们真的睡着了吗？1967年，哈佛医学院教授赫伯特·贝森专门进行了试验。贝森发现冥想者冥想时比平时吸收的氧气少了17%，每分钟的心跳频率也少了3次，脑波也有所变化，这些都是人们在睡觉时的反应，但他们并没有真的睡着。为进一步找出其中的原理，1997年，宾夕法尼亚州神经学教授安德鲁·纽伯格在试验中发现，冥想者的大脑在冥想时并没有关闭，只是阻止信息进入感知方位和时间的大脑顶叶，从而使冥想者失去了对周围事物的感觉。

这一系列研究都证明：冥想者可以让自己的注意力高度集中。研究精神病、哲学和人类学的教授罗杰·沃尔什说："人类一直以来有一个基本的注意力缺陷的问题，只是在近几年，西方精神病专家才认识到这种现象。而冥想成为了解决这一缺陷的最好的方法。"

冥想，其实没有我们想象的那么高深和困难。冥想只是将我们向外的心转向内在，看看我们内心的世界一直在发生什么。任何人在任何时候、任何地方都能够进行冥想。不要跟宗教扯在一起，也不要跟哲学扯在一起，时时去看自己的心，就好像每天早上通过照镜子，去洁净、修整自己的脸。

有些人认为，闭目进行复杂的思考也是一种冥想，其实这是对冥想的一种误会。冥想作为一种意境，是专注于人自身的最理想的状态，在深度感知生命一瞬间变化的同时，让自己沉浸在抛开万物的状态，维持身心灵的高度和谐与平衡。

利用意识来调整自己身心

冥，就是泯灭；想，就是你的思维、思虑。冥想就是把你要想的念头、思虑给去掉。东方许多古老的修身方法有着无法解释的奇特效力，其中冥想就是一种利用"意识停止"来调整身心的修身方法。

就如身体的健康，心灵的健康也非常重要。每天留一点时间、一个空间给自己的心灵冥想，整理纷乱的思绪，暂时忘却工作、忘却烦恼，让自己进入一种全新的忘我境界中。

冥想过程中的脑波会变得安定，心情逐渐变得平和，全身肌肉变得放松，而体内的吗啡、多巴胺等激素的分泌反而越来越活跃，因此人体的免疫力会逐渐加强。还有，冥想过程中我们会不知不觉地改善平时不好的性格和行为，让自己更客观、更安定，而且记忆力、思考力、创造力都会有所提高。成功的冥想能够清除脑子里所有分散精神的东西，包括紧张、不舒服、烦恼、疼痛和恐惧的根源。冥想的支持者说，长久的冥想能够产生更高的警觉、更成熟的心智、更敏感的知觉。

冥想是一种感受，是由心灵的作用去影响身体，使其得到益处的健康生活方式，是一种对生命"悟"的过程！

冥想，并非坐在一个地方才能冥想，也不一定需要闭上眼睛。冥想，是一种境界，而不是一种方式。将身体安顿于一种平稳、宁静、舒适的姿势之中，然后将意识集中导向无限的本体之中。聆听身、心的窃窃私语，就能使你自己了解你体内发生的事情。

一个人在这个时候想的东西，或许可以让一个人品味出人生、生活的真谛。在这样做的过程中，可使人处于一种"平和、领悟、安详"的境界。

冥想就是充分缓解身体和心灵的紧张，没有任何感情波动，静静观察心灵深处的变化，继而感知变化，让自己完全进入一种忘我的境界，深切感受到心灵深处的平和与安定。冥想的第一阶段是将心灵集中到一处，让自己保持镇定状态，不为外界的刺激而动摇。第二阶段是心灵逐渐变得平稳，继而感受到纯粹和明朗。最后，心灵完全失去主观与客观的对立感，进入浑然忘我的状态，和宇宙合而为一。

冥想所需时间不长，对场地也没有太多特别要求，是适合都市上班族的很好的修养身心的方法。

冥想可以改造我们的大脑

冥想不但有助于集中注意力和控制日常生活中的负面情绪，科学家研究还发现，长期的冥想练习也可让大脑产生结构性改变。冥想不仅仅能使人感觉舒畅，心情平和，还可以改善人的脑结构，起到健脑作用。研究人员为了弄清冥想的大脑机制，使用了核磁共振成像设备，他们用这种技术扫描了15名惯于冥想者的大脑，然后将扫描结果同另外15名普通人的大脑进行比较。他们发现，冥想者的大脑皮层在一些地方比普通人更厚。有规律的冥想，可以调节大脑神经，让处于压力下的大脑得到放松。因此，冥想者比一般人更容易达到平静而快乐的状态。一些大脑神经系统专家利用复杂的成像技术做测试，得出的结论更是让人激动：在深度冥想中，大脑如同身体一样会经历微妙的变化，冥想可以训练头脑，重新改造大脑。

长期的冥想练习可以增加神经元的同步激发，以及增加注射疫苗之后血液中的抗体浓度。许多神经科学研究指出，当我们持续练习与长期运用某些认知技能，比如记忆、注意力、视觉搜寻或语言学习，会增加神经元突触的联结、造成神经回路的改变，而大脑中与这些认知功能相对应的区域也有较大的体积。

日本就有心理学家在研究冥想中的僧侣时发现：进入冥想之后，人体的脑波会自动调整呈现 α 波状态，右脑变得更为活跃，整个人逐渐和宇宙能量接触，直觉和第六感变得更加敏锐。由于宇宙本身充满了各种能量射线，冥想中的人更容易接受由这些能量波动形成的信息，进而获得神秘的力量，将大脑调整到更高频率。曾获诺贝尔物理学奖的英国科学家布莱恩·约瑟夫，就习惯用冥想来解决平常研究中遇到的难题，他声称："冥想开启的直觉能帮助我获得发明的启示。"

这种说法虽然有些神秘，但科学家一致确认，在冥想的时候，大脑新皮质休整，旧皮质变得活跃，潜意识能力得到提高。进入冥想状态后，人体的生理活动变得缓慢，大脑出现有规律的脑电波活动，想象力、创造力与灵感便会源源不断地涌出，对于事物的判断力、理解力都会大幅提升，同时身心会产生安定、愉快、心旷神怡的感觉，右脑能力因而得到增强。

著名的大脑科学专家春山茂雄认为，冥想力达到极点时就可以变成实际行动。美国一所大学还专门设有这样的机构，对刚入学的大学生进行沉思冥想训练，并把掌握这种方法作为学生开始学习教学大纲中规定的教学内容的先决条件。这个学校学生的智力及学业成绩在全国是一流的。事实证明，凡是采用这种训练方法的学校，学生基本不存在打架斗殴等不良行为。

该大学的校长主张把沉思冥想训练贯穿于幼儿园、小学、中学、大学教育以至人的一生中。因为这是一种不用任何辅助仪器，而且任何人都能学会的自然而简单的方法。通过这种训练可以开发人的第四意识，使任何人都能达到智力飞跃的目的。现代科学技术已经证明，进行沉思冥想训练过的人脑内活性物质激素含量都大为增加。

冥想可以提高我们潜在意识

冥想法开发右脑，所谓的冥想就是停止知性和理性的大脑皮质作用，而使自律神经呈现活跃状态。简单地说，就是停止意识对外的一切活动，而达到"忘我之境"的一种心灵自律行为。

冥想可使得新皮质熟睡，借着旧皮质的功能，提高我们潜在意识的力量。为了进入冥想状态，我们必须使全身的肌肉、细胞以及血液循环等作用都缓慢下来，任何能使身心感觉舒适的方法都可以。科学试验证明，当你进入冥想状态时，大脑的活动会呈现出规律的脑波，此时支配知性与理性思考的脑部新皮质作用就会受到抑制，而支配动物性本能和自我意志且无法加以控制的自律神经，以及负责调整荷尔蒙的脑干与脑丘下部的作用，都会变得活性化。冥想可以让我们的左脑平静下来，让意识听听右脑的声音，这样我们的脑波会自然地转成 α 波。当脑波呈现为 α 脑波时(特别是中间 α 脑波)，想象力、创造力与灵感便会源源不断地涌出。

我们每个人都能够借着冥想的方式来创造奇迹，不要把它认为是什么超能力，它是心理上本来就有的东西，而且是任何人都唾手可得的东西。

人类的潜意识具有超越一般常识，几乎可称之为全然未知的超意识能力。举凡人类的直觉、灵感、梦境、催眠、意念力、透视力、预知力等都是潜在能力的具体表现。而这种能力一直就藏在我们的大脑里，是一种超越时间、跨越空间、与无限境界相联结的能力。有人常以奇迹或超能力来解释某种神奇的力量，其实指的就是潜意识的力量，任何人只要懂得开发这种与生俱来的能力，那么几乎没有达不到的愿望。

人类的本性中，有一种强烈的倾向，就是希望能彻底变成自己想象中的样子。爱默生说："一个人的个性，便是他整天所想要做的那一种人。"佛经也说："我们一切的表现，完全是思想的结果。"可见思想具有决定命运和结局的力量，这是一个普遍的真理。

许多成功的人物之所以能够实现他们的梦想，主要是因为他们将渴望和思想具体化、形象化，他们具有按照成功来思考问题的习惯。他们心里所想、行为所做的都是朝向成功，因而最后都成为事实。英国小说家毛姆曾说："人生实在奇妙，如果你坚持只要最好的，往往都能如愿。"每一种思想，只要持之以恒、百折不挠地加以贯彻，迟早都会梦想成真。俗话说，能够设想的东西，都能成为现实。今天，我们所享受的千百种发明，不都是思想化的结果吗？有人说，思想是一种能量，它具有无限潜在的力量。思想确实可以把你带进一种状况，或是带出一种情况。你可以随意而思，也可以摆脱环境而想。你的思想可以使你快乐，也可以使你痛苦。思想深深左右你的境遇。因思想而形成的力量，远比你想象的大得多。发生在我们生活中的每一件事，几乎都是。

21世纪，谁能掌握身心力量的运用，谁就是赢家！现代人不断地追求成功，想要有所成就，也希望能拥有健康的身体，但是大多数人都很难做到，关键到底为何？周遭很多例子告诉我们，不论你是否聪明绝顶，或是习得各种工作技能，成败往往就在你的心念之间。

冥想能帮助我们心灵平静

当冥想达到一种禅定的状态时，全身放松，心跳明显减慢，呼吸呈一种龟息状态，机体代谢随之降低，大脑及组织器官处于休息中，耗氧量减到最低水平，也是一种储蓄生命、延缓衰老的最佳方法。冥想还可以产生积极的思维方法，消除负面情绪，调节神经、内分泌系统，从而起到自我修护的效果。

其实，冥想的作用很多，它可以让人集中注意力、稳定情绪、控制思维、放松身体等，如今健身房流行的瑜伽也多有冥想的成分在里面。我们之所以不能放松，有很大的一个原因就是脑子里面太乱了，很难平静，而冥想正是帮助心灵平静的方法。

在进行冥想之前，一定要让自己的身体放松，这里介绍几个身体放松的方法：

方法之一：

让思想聚焦于两只眼睛，然后是头皮、后颈、后背，再往下是两只手臂、两只手，往上回到下颌，向下到胸、腹部，最后是双脚。

这种方法的主要功效在于提高身体的自我意识，将身体扫视一遍，识别身体的紧张，然后静静地排除它。

方法之二：

·选择一间安静的屋子，在保证没有人打扰的时候，宽松衣服，平躺在坚硬的木板上。

·脚趾，使右脚和脚踝肌肉紧张，扭动脚趾。然后收紧肌肉，放松，重复做几次。随后换左脚。

·小腿，收紧小腿肌肉，先右后左，重复几遍收紧和放松。

·大腿，从右到左收紧大腿肌肉，重复几遍。

·臀部，同上述步骤一样，重复收紧与放松的过程几次。

如何练习冥想呢？一般有两种做法，如下：

（1）简单的冥想练习

初学者练习时，可以从每次5分钟开始，逐步延长到每次20分钟。

·找一个不会被打扰的安静地方，没有电话、电视，没有任何干扰。确定你能坐得舒服，因为接下来会有5分钟时间要维持一个固定姿势。

·把注意力集中在一个声音、文字、感受、影像或想法上。

·以顺从、接受的态度打开心扉。此时，可能会有突然出现的思绪或影像进入你的意识，分散你的注意力，当这些东西出现时，让它们顺其自然地过去。

（2）行进中的冥想练习

一般人对冥想的第一印象便是一个人盘腿打坐的景象，但并非所有冥想都是静态的。

·找一个安静的、可以直线行走3米而不用回转的地方。

·左手握拳(大拇指收在拳内)，把拳头靠近自己的肚脐上方，用右手包住左手的拳头。

·小步、缓慢地移动步伐，就好像用慢动作行走一样，右脚往前，让右脚脚跟与左脚脚尖并排——把注意力集中在你缓慢移动中的腿上，感觉体重由一只脚转移到另一只脚，跨出左脚，以相同的方式向前移动。

·持续往前走，走到约3米的距离之后，转身折返。

·以这个方式持续走上5分钟。如果刚开始你觉得走起来会摇摇晃晃、丧失耐心，别担心，多次练习之后，你便会了解行进中的冥想练习可以帮助你消除身体上的紧张，更能把注意力集中在你的心灵上。

有意识的冥想，可以使人暂时活在自我编织的世界里，跟外界快节奏的生活隔绝，进行自我放松。找个安静的地方坐一下午，或跑到一个遥远的地方，对着美丽的风景冥想，都是放松的好方法，能让心情愉快很多。

每一天留点时间去冥想吧

冥想不需要特别的工具或者场所。只是每一天留给自己一点时间、一个空间，让自己沉浸在冥想的快乐之中。

在开始冥想之前，要穿宽松的背心和裤子，再进行简单的解压运动。先轻握拳头，轻柔地按摩腹部，让身体逐渐放松。然后，平躺于地板，左右滚动躯体，让整个身体的肌肉都得到放松。最后，想象自己被包裹在明亮的光芒之中，感觉其安逸感和幸福感。

选择瑜伽中的静坐方式坐定，然后双手的大拇指和食指相抵，其余三个手指伸直放松，最后把双手放在膝盖上，掌心朝上。而后，放松全身肌肉，逐渐缓解身体的紧张。

冥想要专注于自己的一呼一吸，找到呼吸和身心的统一。也可使用集中冥想法进行冥想，先烧上一炷香，选定一个对象，调节呼吸的同时让思绪随着袅袅紫烟一起升华。另外，可以借助一件旧物、山谷明月、林中溪水、鸟语花香等外界事物进行冥想。

经过20分钟左右的静逸感觉之后，用5分钟的时间进行腹式呼吸。仰卧，将手轻轻放在肚脐上，随着呼吸的节奏收缩腹部的肌肉，尽量把所有废气从肺部全部呼出来。当熟练了腹式呼吸之后即可进入冥想状态。这时，伴着冥想音乐更有助于我们进入到忘我的冥想境界。

对于刚开始学习冥想的人，如何开始冥想呢？

- 找一个不被打扰的地点和时间。

- 坐直。不要躺下，躺着有可能睡着。

- 冥想之前要禁食。

- 不一定盘腿坐，坐在椅子上也可以。

- 之前冲个澡有助于冥想。

- 不需要点香或者蜡烛，但这么做可以营造一些气氛。

- 最好在早上冥想。

时间允许者，可以每天早晚各练习一次，每次30分钟左右。

早上的练习，应该在起床洗漱、排泄之后，早餐之前进行。

晚上的练习，应该在晚饭一小时之后，入睡一小时之前进行。

时间充裕者，可以在下午3~4点之间，增加一次30分钟左右的练习。

对于工作生活忙碌者，每天应至少保证一次30分钟左右的练习，并且在空余时间可以多做3~5分钟的短练习，也可以起到很好的作用。

冥想时，找一个你可以坐着的且安静的地方。所谓安静是指不会有噪音干扰，也没有你喜欢的声音(比如你喜欢的歌星的音乐)，然后闭上眼睛。

在这个空间中，你可以摆一个时钟，这样你可以了解时间。然后在一开始的时候每天坚持15分钟的实践。当冥想变得很容易的时候，才可以减少到每周3次。

要让自己的状态觉得很舒适(包括你的衣服、鞋子甚至内衣)。

学会选择一些字眼。这些字眼必须可以让你专注精神的，而且，这些字眼对你来说不要有任何意义。比如：平和、安静、放松(有些有宗教信仰的人则会念一些佛号或者咒语)……

最好采用打坐的姿势，坐式和卧式也可以，但效果会差一些。

调整好你的姿势与呼吸以后，请你想象着你的身体变得非常巨大，和山一样巨大，你俯瞰大地，看着大地上被各种烦恼折磨得疲于奔命的人们，就好像我们平时看见蚂蚁觅食一样。你所要做的一切事情，就是在这个状态中，默默地注视烦恼而繁华的大千世界。

这一切的一切，都与你无关，都不会给你造成丝毫伤害；这一切的一切，不过是让你看到世界是什么样子，让你有机会选择自己的道路。

仔细感受你的身体，感受压力聚集在什么地方，然后，深呼吸。请你想象着，这些压力，随着你的血液，流淌到你全身的每一个细胞里，你不惧怕压力，更不逃避压力。相反，你和压力在一起，你无比巨大伟岸的躯体，就是一个无比巨大的容器，任何压力、任何烦恼，掉落其中，就消失得无影无踪。

深呼吸，用呼吸化解分布在你身体里面的压力。

当压力被化解后，就可以结束这次冥想了。

冥想是祛除生活压力的妙方

科学试验证明，当你进入冥想状态时，支配知性与理性思考的脑部皮质作用就会受到抑制，而支配动物性本能和自我意志且无法加以控制的自律神经，以及负责调整荷尔蒙的脑干与脑丘下部的作用，都会变得活性化。这时，想象力、创造力与灵感便会源源不断地涌出，人的判断力、理解力都会大幅提升。同时，人的身心会呈现安定、愉快、心旷神怡的状态。

坚持练习冥想，能缓解压力

对一个人来说，身体的健康、心灵的健康非常重要。而事实上，现代人的代表性疾病就是各种生活压力造成的，因为压力使人变得烦躁不安，进而导致各种疾病。而冥想恰恰是治疗各种压力的一个最简单最有效的方法。

一个年轻人去看医生，抱怨生活无趣和永无休止的工作压力，心灵好像已经麻木了。诊断后，医生证明他身体毫无问题，却觉察到他心灵深处有问题。医生问年轻人："你喜欢哪个地方？""不知道。""小时候你最喜欢做什么事？”医生接着问。“我喜欢海边。”年轻人回答。医生说：“拿这3个处方到海边去，你必须在早晨9点、中午12点和下午3点分别打开这3个处方。你必须遵照处方，只有时间到了才能打开。”

这位年轻人身心疲惫地拿着处方来到了海边。

他抵达时，刚好是9点，没有收音机、电话。他打开处方，上面写着：“专心倾听。”他开始用耳朵去注意听，不久就听到以往从未听见的声音。他听到波浪声，听到不同的海鸟叫声，听到沙蟹的爬动声，甚至听到海风在低诉。一个崭新的、令人迷恋的世界向他伸开双手，让他整个人安静下来。他开始沉思、放松。中午时分他已经陶醉其中。他很不情愿地打开第二个处方，上面写道：“回想。”于是，他回想起儿时在海滨嬉戏，与家人一起拾贝壳的情景。怀旧之情汩汩而来。近下午3点时，他正沉醉在尘封的往事中，温暖与喜悦的感受使他不愿意打开最后一张处方，但他还是打开了：“回顾你的动机。”这是最困难的部分，也是治疗的重心。他开始反省，浏览生活、工作中的每一件事、每一种状况、每一个人。他痛苦地发现，他很自私，从未超越自我，从未认同更高尚的目标、更纯正的动机。他发现了造成厌倦、无聊、空虚、压力的原因。

最后，年轻人发现自己的压力没有了，彻底放松了，对生活重新充满希望。

在充满紧张、压力的现代社会，人们无不在找寻能获致身心平和宁静的方法，无人不渴望获得解决生命一切问题的智慧，无人不希望生活在不受破坏、污染的环境中。而冥想能为我们指引正确的方向，为我们的进步奠定下良好的基础。有研究报告指出，如果城市有1％的人口练习冥想，每天两次，每次15或20分钟，那么整个城市的犯罪率、疾病发生率、意外发生率都会显著降低。这些现象表明，个人凭借练习冥想可以创造社会的秩序、和谐及对人类的生命力产生积极影响。

冥想能改善我们的健康

许多医学研究还证明：冥想可以预防冠心病、前列腺疾病、高血压的发生，还可以防止或减轻心脏病、艾滋病、癌症等慢性疾病所产生的疼痛，同时可以提高人体的免疫力。有研究者表示，冥想者的技术越高，其免疫系统的功能就越好。最近又有新的研究证明，爱冥想的女性患上乳腺疾病的机会非常少。

从脑电波观察，我们的身体紧张或感到烦闷时，β波就会出现，这是产生生活环境病或癌症、精神病、失眠、神经症等疾病的原因之一。日本著名医学博士春山茂雄从大量临床实践和科学研究中证实，进行利导思维的人，大脑能分泌出一种类似吗啡的物质，称为"内啡呔"。它不仅能改善大脑，保持脑细胞的年轻活力，而且能使人产生心情愉快的感觉，使免疫功能增强，防止老化，提高防病和自然治病（人体发生疾病时的自愈力）能力。

冥想中所获得的放松反应能够减缓新陈代谢，降低血压，改善心跳频率、呼吸状况和大脑的健康等等。冥想练习不难学习，就像学习网球一样，只要多加练习就可以做得很好。人们慢慢地学习冥想，其放松的功能也将得到体现。如果在一天中适当地冥想，那么一天中都将身心愉悦，轻松无比。

在身体功能性疾病方面，冥想也发挥了重大作用。

（1）心脏健康

很多人都研究冥想对心脏的作用。研究表明，经常性的冥想可以明显地帮助高血压患者，尤其在黑人中可以明显降低高血压患者的血压。美国的一项研究表明，如果高血压患者每天冥想两次，每次15分钟，连续这样做4个月，血压将会有所下降。

（2）改善免疫功能

冥想还可以帮助改善免疫功能，抗击疾病。有一项研究测试人们的免疫功能。这个试验中共有两组参与者，一组冥想，另外一组没有。分别用感冒病毒侵袭他们，稍后进行的血液测试表明，冥想的那组参与者中血液中的抗体明显高于另外一组。

（3）改善女性健康

女性通过长期的、有规律的冥想练习，身体健康状态可以得到很大改善：从不孕不育到痛经等问题，都可以得到改善。一项研究表明，冥想的女性中，58%的痛经问题得到极大改善。还有一项研究表明，通过10个星期的冥想练习后，那些不孕不育的女性明显变得不像以前那样紧张、失望和压抑，6个月后有34%的女性怀上了孩子。

（4）改善脑部活动

根据美国最新的一项研究表明，那些经常做佛学冥想的僧人，脑部活动更加活跃——负责学习和快乐的部位尤其活跃。另外有研究表明，冥想可以给人们减压和减缓身体上的痛苦。许多医学研究证明：冥想可预防、降低或控制艾滋病、癌症等慢性疾病所产生的疼痛。

冥想的其他作用还有：

减轻心理、生理性障碍。

解决更年期冲突。

调整睡眠，提高睡眠质量。

增强放松能力。

减轻紧张和焦虑。

减轻习惯性恐惧反应。

增强自信心。

减轻躯体疼痛。

增加内省能力。

强化脊柱神经，增强身体柔韧性和灵活性。

调节内分泌，延缓衰老，有利美容。

加强内脏器官的功能，提高机体对疾病的自愈力。

开发潜能，提高创造力。

集中注意力。

增强对他人的理解和同情心。

冥想可以对抗生活压力

认知决定情绪，一个人如果习惯朝着悲观的方向想问题，那么他的情绪肯定大部分时间是消极的。反过来，如果一个人的性格是积极的，那么，即使遇到很困难的事情，他也能朝着乐观的方向想，那样也就能长期保持乐观积极的情绪了。情绪的"选择权"其实在每个人的手上，是愿意开心地过呢，还是痛苦地生活，这些完全看你自己。

玛丽亚在一家公司做文秘，做一些杂七杂八的事，时间久了，心里很腻烦，对老板的话不再像当初那么放在心上，工作也越来越拖沓。老板让她打个文件，她心里烦，打得错误百出。老板看她这个样子，就教训了她几句。玛丽亚翻翻白眼，以示抗议，没想到被老板看到了。老板很生气，就说："你要不愿意做就算了，外面有的是人。"

玛丽亚重新打印文件，心里很不高兴。可她转念一想，拿老板的薪水就得为老板做事，这是天经地义的，做得不好，挨训也是理所当然的。这样一想，她的心情又好了，认认真真地将文件打印了出来。

这就是认知，积极的认知方式可以让人长期保持愉悦的心情。如果我们的"认知"更冷静，当我们被别人批判的时候，我们就可以理解为：他这样的口气，说明他是个直率的人，难道我喜欢跟一个虚伪的人交流吗？他的建议是好的，至于口气，等有机会了再跟他沟通吧。他可能是遇到什么事情了，才会这样。这样想的话，哪还有什么不高兴的呢？

心情不好的时候，要学会转变自己的思想、认知，从正面、积极的方向去思考问题。积极转念法可以在短时间内调整自己的情绪，而且有助于建立高情商，在为人处世当中更成熟一些，不会轻易地被负面情绪控制。

积极的人生态度，不仅在冥想时要拥有，更重要的是在现实当中要拥有。

要练习积极的态度，其实很简单，任何事情发生以后，你都先对自己说："太好了！"然后，再去找证据证明为什么好。

例如生病住院，你可以说："太好了！我终于可以休息休息了，还有朋友来看望我、关心我，说不定暗恋我的人还会来照顾我，嘿嘿……"

也许有人认为这是无聊的自我欺骗，自我欺骗是毫无意义的，你自己都知道是假的，怎么欺骗呢？而事实是，任何事情都有好坏两面，这是真的，我们如何评价，取决于看待问题的立场和角度。与其站在一个消极的角度让自己难受，不如换个积极的角度让自己开心。

冥想可以放松自我

冥想者较一般人更容易达到平静而快乐的状态。通过冥想，可以培养人们的注意力，稳定情绪，并且放松自我，保持身心愉悦。

迷惑、焦躁、嫉妒……总是在不经意间扑面而来，因此人们必须学会关照自己的负面情绪。怎么让这些不愉快的体验快点离开你的生活呢？美国心理学家提出，可通过冥想来宣泄情绪。

在忙碌与疲惫共存的现代生活中，冥想已经成为一种流行的、必然的放松与解压方式。

美国著名女演员海瑟·格拉汉姆曾在医生的指导下练习冥想，每天早晨起床后和下午各练习20分钟。她说："过去我常常因为一些小事而长期担心忧虑，其实这都毫无意义。冥想让我懂得，内心的平静才是最重要的，如果拥有了这份平静，就拥有了所有的东西。"

冥想是一种很好的宣泄情绪的方法。现代人代表性疾病的根源就是各种压力，而冥想是治疗压力的一个好方法。一个人冥想时，他会暂时远离现实世界的喧嚣，找回心灵深处的平静和集中。在这一过程中，不仅心灵得到了最大的安宁，身体也得到了最大限度的放松，找回了身体的健康和平衡。

美国俄勒冈大学的一位教授曾选取40名大学生为研究对象，他把这些学生分为2组，第一组每天坚持冥想20分钟，连续做5天；第二组每天只做放松训练。结果显示，第一组学生在注意力和整体情绪控制方面都有了明显改进，他们曾经存在的焦虑、情绪低落、愤怒和疲劳感也都有所下降。

在冥想时要注意以下几点：

· 冥想前要排空肠和膀胱，不要在吃饱饭后冥想。

· 盘腿坐，面向北或东。

· 刚开始坐下冥想时可能有很多想法浮现，不要担心，慢慢把其他想法抛到一边，将思想集中到呼吸上，通过练习会越来越平静。

· 某一天，你的冥想很成功；另一天，你冥想时有很多杂念。请你不要因此而沮丧，只要坚持冥想的原则，你会逐渐进步。

· 一旦开始就不要放弃，每天在规定的时间冥想是很重要的。

· 冥想可以逐渐消除气愤的情绪，但是不要在生气、沮丧、愤怒和生病时冥想。

随着社会的发展，冥想也在发生变化。它不再是神秘的事情，而是非常大众化的生活方式。如果你感到压力大、情绪不好，不妨试着练习冥想。

冥想可以提高人体免疫力

过去，人们一直用冥想来放松心灵、减轻压力，但它的作用远不止这些，它甚至能给你的身体带来诸多健康奇迹。许多研究证明，冥想不仅仅能给我们带来心灵的平静，而且能抵御许多疾病，并提升身体器官的功能。

挪威的一项研究发现，那些每天进行两次时间在30分钟左右的冥想的人，在运动之后，其血液中的乳酸水平明显比没有进行冥想的人低，而乳酸是导致肌肉疲劳和疼痛的重要原因。冥想为什么能缓解运动酸痛呢？研究者认为，冥想提高了身体的活动效率，就如同一种热身运动，因此当你运动的时候，身体就不会产生那么多的乳酸。所以，如果想让运动酸痛远离你，不妨在保持运动习惯的同时也保持冥想的习惯：只要坐在那儿，深呼吸，将注意力集中在诸如"平和""安宁"这类的词上，就能缓解运动酸痛。

只需要闭上眼睛，将注意力集中在呼吸上，你就不仅能放松心情、缓解压力，还能对抗感冒。这听起来有些不可思议，但美国的最新研究发现，经常进行冥想的人在注射了流感疫苗之后能产生更多的抗体，这表明他们拥有更加强健的免疫系统。研究者还认为，这是因为冥想增强了左脑的活动能力，而这和免疫系统的功能有关。所以，面对流感威胁的时候，你在进行健身、营养保健之外还可以试试冥想的神奇力量。

在竞争激烈的现代社会，心脏已经成为我们身体器官中最容易受威胁也最为脆弱的部分。饮食习惯的改变，让心脏承受了生命之"重"；现代文明病的泛滥，也让心脏成为易受害器官之一，而冥想是能够起到保护心脏作用的自然修身方法。美国的一项研究表明，如果每天进行两次20分钟的冥想，就能有效地保护心血管的健康。这些试验发现，那些进行冥想的人血管里的脂肪沉积更少、血管壁更薄，能将心脏病的威胁降低11%，中风威胁降低15%。冥想对于预防高血压也同样有效，每天进行20分钟的冥想，可以降低年轻人的血压，并能减少他们在老年时患上心血管疾病的风险。

有研究表明，冥想能通过减轻心灵压力、提高生活质量、提升免疫系统功能，来帮助癌症患者康复。在这项研究中，乳腺癌患者和前列腺癌患者在进行放松和冥想后，症状明显得到了改善：睡眠质量提高了，愿意参加运动了，免疫功能提升了，体内分泌的抑制癌细胞生长的物质增多了。

在面对重病的时候，病人的康复、求生意志至关重要。通过冥想，给自己快乐的生活暗示，调节心理状态，从疾病的恐慌中走出来，积极地参与人生，这便是最为有效的康复通道。

即使是健康人，经常沉思冥想也可以消除疲劳，有益于左右脑平衡和给机体健康"充电"。专家认为，冥想对人体的免疫系统有良性的促进作用，能提高人体抵抗力，起到预防疾病的功效。国外的一项医疗调查显示，沉思冥想者比不善此举者的发病率要低50%，染上威胁生命的重病的概率要低86%。

一呼一吸，一坐一思，皆是冥想

冥想的具体方法也是多种多样的，有坐禅的冥想，也有站立姿势的冥想，甚至舞蹈式的冥想，还有祈祷、读经或念诵题目也是冥想的一种。凡是可以达到"无心"(也就是能够停止意识)的任何一种活动都可以是适合的冥想法。甚至还有人认为，看喜欢的电影、听喜欢的音乐或是兴奋地计划自己的未来，也都可以用作冥想的方式。

正确呼吸，控制自己情绪

呼吸是一把健康的钥匙。德国伟大诗人和思想家歌德就曾发出这样的赞叹："一呼一吸，是上帝的恩典，使得生活美妙无边。"呼吸的影响力不仅仅是在身体方面，它还与情绪、思想息息相关。例如，当人们受到惊吓时，会倒吸一口气并屏住呼吸；当人们感到疲劳和烦闷时，呼吸会被拉得很长，会打呵欠；当人们感到生气或难过时，呼吸就变得没有规律而且起伏很大；当人们感觉紧张、担心或焦虑时，呼吸就会变得很浅；当人们心情愉快时，呼吸就会变得平稳、徐缓。而不当的呼吸方式，会让人变得容易精神紧张、烦躁，负面的情绪及压力自然无法得到释放与舒解。因此，如果你能控制呼吸，就有可能减少情绪的波动。

关于呼吸与情绪的关系，阿拉伯医学家阿维森纳的《医典》第1091条说："呼吸于是就在原创力的混合体中产生，并逐步接近神圣生命体。它是一种发亮的物质，是一束光线。"第1092条又说："这就是当人看到光明时心中充满喜悦，处于黑暗中便感到失落的缘由。光明与呼吸是和谐的，黑暗却恰恰相反。"

冥想的练习，历来重视呼吸的作用，它们利用呼吸去实现不同的目的。因为调节自身的呼吸方式，对于情感、情绪的自控有独特功效。通过呼吸调节，很容易将自己的"注意力"从情感的冲动转移到自身的呼吸上，将自己的精神统一到呼与吸的行为上，从而达到控制冲动、平息激情、恢复理智、实现自制的目的。

呼吸是我们心理健康的反映，改善呼吸对许多有情绪障碍的患者是有效的医治良方。美国精神卫生家亚历山大曾经研究抑制呼吸对情绪造成的障碍。根据观察，精神分裂症病人多趋向使用上胸部呼吸，而神经症病人则用表浅的横膈式呼吸。因此，有的医生教会病人采用正确的呼吸方式，帮助病人逐渐恢复正常生活。

从现在开始，请大家学习正确的呼吸方法，以此减轻焦虑、紧张情绪。当你与人争论而气恼时，或正准备作首次演讲和演出而感到紧张时，或正设法解决一个难题而感到焦虑时，建议你停下来，做几次深呼吸。这时，你就会感到放松，不再皱眉头、发脾气。

具体在冥想时的做法是：闭目坐在椅子上，努力使自己的心情平静下来，然后慢慢地、较深地吸气，缓慢而有节奏地吸气。充分吸气之后，几秒钟之内停止呼吸，然后把气徐徐吐出。吐气时，要比吸气时更慢。一边做这样的深呼吸，一边在每次吐气时心中数着"1、2、3……"反复多次后，肌肉会从紧张进入松弛的状况，可以使紧张的情绪得到相应的缓解。

呼吸训练，放松我们的精神

使自己精神放松，然后进行冥想训练，这样就能够轻松地看到出现于大脑的心像。为此，我们首先应该学习让精神得到放松的松弛训练。

要使自己的精神处于松弛状态，直接进行内心调节是极为困难的。谁都有过这样的实际感受，靠自己的意志自由自在地控制自己的意识或者内心状态，是一种非常不容易的事。

然而，自古就流传一种使人容易控制自己意识的秘诀，那就是"丹田呼吸法"。据说这种秘诀是释迦牟尼在修行时发现的，他就是通过冥想和丹田呼吸到达了大彻大悟的境界。

丹田呼吸法能够调和身心，使自己的身心与天地调和之气保持一体化。这样我们就可以得到和宇宙的一体感，发挥出通常发挥不了的超常能力。

每个人的身心其实都具备仙人般的卓越能力，通过丹田呼吸法就可以发掘出这些能力。现在我们就把古时候流传下来的方法活用到冥想上。

丹田呼吸法的具体方法如下：

进行呼吸的时候，在呼气时，尽量使下腹部往里收缩，同时用力使横膈膜收缩，保持下腹部的用力状态；在吸气的时候尽量使下腹部向外膨胀，并使下腹部达到弧形的形状。为此，人们也将丹田呼吸称为"弧形呼吸"。

在呼气的时候，我们要想象体内的恶气完全排出了体外；在吸气的时候，想象宇宙的能量从头部顶端（百会穴)进入脸部、颈部、胸部和腹部，全身都充满了宇宙的能量。这样可使容易上扬之气下沉，使容易下行之血上扬。

呼气时加长呼气，能够使人的上半身神清气爽，下半身温和舒适。这种上部清凉、下部温暖的状态，就是"交"的状态，是平衡调和的状态。在这种状态下，我们方能与宇宙保持一体化。这时，我们的身心非常松弛。

多练习丹田呼吸，可以让身体获得充足的氧气，能有效疏解压力，消除紧张情绪，让人精力充沛。

除了丹田呼吸外，腹式呼吸对人体也很重要。腹腔内藏着除心、脑、肺之外的全部脏器，包括消化系统、造血系统、泌尿生殖系统及内分泌系统、淋巴系统的一部分，并拥有大量的血管、神经，因此腹腔是非常重要的。

人在学会直立行走以后，就逐渐变为胸式呼吸了，可这种呼吸方式会导致胸部横膈膜的运动较小，使呼吸多集中在肺部的上、中部进行，再加上人人都有一根腰带，更限制了腹式呼吸。

如果每次都通过腹部呼吸，可使中下叶全部肺泡及时开发，还会通过腹壁的前后运动、膈肌的上下运动，使腹内胃、肠、肝、胆、脾、肾等器官得到运动，有利于加强这些脏器的气血循环和发挥它们的正常功能。

腹式呼吸也是一种良好的按摩，可以促进胃腹运动，改善消化机能。腹肌又是排便的动力肌，有规律的腹式呼吸还能防止习惯性便秘。当然，最重要的是，这种呼吸方式是紧张时的一剂"减压药"，多练习腹式呼吸，可以让身体获得充足的氧气，能有效疏解压力，消除紧张情绪，让人精力充沛。在任何时候，如交通堵塞时，参加重要面试时，在考试过程中，下班后仍无法从紧张忙碌的状态中脱离出来时，都可以进行腹式呼吸。

那么如何进行腹式呼吸呢？腹式呼吸的方法并不复杂，具体方法有两种：

·顺式呼吸时盘腿而坐，全身放松，两手自然放在膝盖上。头微微下垂。呼吸时下腹部要暗暗用力，吸气时，腹部鼓起；呼气时，腹部缩紧。

·逆式呼吸就是反过来，吸气时将腹部收缩，呼气时再把腹部鼓起。做腹式呼吸时要注意把握以下几点：一是呼吸要深长而缓慢；二是用鼻呼吸而不用口呼吸；三是一呼一吸掌握在15秒钟左右，每次5~15分钟，当然时间再长一点更好；四是呼吸过程中如有口津溢出，可徐徐下咽，不要吐出。

当你习惯了运用腹部，做平稳顺畅的深呼吸后，你会发现，即使在一整天繁忙的工作后，依然活力充沛，神采奕奕。如果能在睡前练习一下腹式呼吸，你将能获得一夜好眠；上班时若是觉得精神不继、疲倦烦躁的话，抽空做个腹式呼吸，也能帮助你保持头脑冷静，做出正确果断的决策。

练习呼吸，提升精神能量

压力除了让人感到疲惫之外，还会影响到消化系统及体内其他器官的运作，现代人常有的背痛、偏头痛、失眠等文明病，都是因为压力而生。《瑜伽经》中有云："改变你的呼吸，就改变了你的身体；改变你的呼吸，就改变了你的心灵；改变你的呼吸，就改变了你的命运。"瑜伽之所以能够有效解除压力，一个重要的因素便是正确的呼吸，通过呼吸方式的调整，借以放松心智，强化器官正常运作，同时提升精神能量，赶走坏心情。

正确的呼吸法搭配冥想，也能和瑜伽一样，能唤起内在的能量与潜能，抚平情绪，帮助你尽快摆脱压力和焦躁情绪。

睡前是练习冥想呼吸的最好时机。躺在松软的床上，先做几组深呼吸，使身体平静地放松下来；然后闭上眼睛，保持呼吸平缓，尽力去想象草原、大海那一望无际的画面，想象绿色、蓝色，想象自己身处其中、无拘无束……同时感觉自己身体上的变化。进行多次的冥想练习后，你就可以尝试进入冥想呼吸了："深呼吸——放松——均匀呼吸——蓝色——大海——一望无际——放松——"练习完以后，整个人会变得心情平和，压力尽去。

还有一种日出冥想呼吸。这个日出冥想呼吸，把体位、调息和冥想的练习和益处结合在一起，通过脊椎张力发出的热量将很快传遍全身，心里同时变得非常专注、柔顺和平静。以下就是日出冥想呼吸的基本方法：

- 盘腿坐，或简易坐均可，背部挺直。
- 双手放在肋骨两侧，掌心向上，肩部放松，保持自然呼吸。
- 深吸一口气，然后一边呼气、低头，一边双手翻转，手臂伸向身后，并尽量伸直靠拢，呼尽。
- 慢慢吸气，抬头挺胸，脸朝上，同时双臂从身体后侧慢慢上举，手掌在头顶相碰，然后分开，脊椎感觉向上拉伸并略后弯，手臂感觉正抱着一个很大的能量球。吸满，屏气，保留5秒钟或者更长。
- 慢慢呼气，双手在头顶合十后，慢慢沿着身体中线放下，从额头到鼻尖到胸口到肚脐，脊椎前曲，含胸，就如鞠躬一样。
- 再次吸气，打开双手，掌心向上，向前伸出，并慢慢抬高直至头顶。这个过程中脊椎逐渐挺直。
- 慢慢呼气，双手慢慢降落，从头顶上方，到面部前方，到胸部前方，呼尽时，回到肋骨两侧。

·重复以上动作，练习8~15分钟。

·结束时，双手从肋骨两侧放下，右手放在左手的掌心里，大拇指轻轻相触。保持平和的呼吸。

在练习过程中，眼睛可闭上或微微张开，若睁开请专注于鼻尖。练习最佳时间是早晨，最好面对太阳方向。

修禅打坐，观照自己的内心

冥想是一种意境，专注于自身的呼吸和意识，感知生命每一瞬间的变化。在专注于一呼一吸的同时，记住自身最理想的状态，让自己沉浸在抛开万物的状态，找到心灵的平衡。冥想的第一阶段是将心灵集中到一处，让自己保持镇定状态，不为外界的刺激而动摇，持续进行心灵深处的冥动。第二阶段是心灵逐渐变得平稳，继而感受到纯粹和明朗。最后，心灵完全失去主观与客观的对立感，进入浑然忘我的状态，和宇宙合而为一，即宗教上所讲的解脱。

在冥想理论里，正式的禅坐训练，我们称为"主练习"；而运用在日常生活中的观照练习，我们称之为一般练习。

初学冥想，如何让身心进入"定"的状态，是一个难点。精神的暂时集中并不难，然而要长时间集中精神，排除杂念的困扰，就是相当困难的事情，需要对我们内心的意念进行控制。

要想很快"定"下来，关键的一点就是要有一个轻松的心态。这就需要对所谓的"杂念"有一个正确的认识。从心理学角度讲，杂念是我们日常生活的经历在我们头脑中的"心理残余"。当我们的头脑停止思考的时候，这些"心理残余"就会跑出来占据我们的头脑，这是一个很正常的心理过程。每个人都会有杂念，包括那些"冥想功夫"非常高深的宗教大师们也不例外。随着"观照训练"的练习，杂念自然会越来越少。每一个高明的冥想导师都持这样的观点：对待杂念的正确态度，就是任它来去，静静地观察它。因为，杂念最大的危害，就是学习者由于杂念而产生的"要'控制杂念'的杂念"。

观照是冥想的核心部分。写过《佛教观照法：心灵修炼手册》的僧侣尼诺波尼卡·斯若对观照的定义是："很清楚且全然地觉知所有真实发生在我们身上的事物。"我们平时并不常做这种练习，总是走马看花，没有仔细观察这个世界。他又说："佛陀教导我们正确观照的方法……他提供我们最简单明了、最透彻有效训练自心解决问题的方法，把我们从贪婪、仇恨、迷惑当中释放出来……它适用于东方以及西方，适用于所有人。"

观照的练习方法是：

· 完成准备活动。

· 深呼吸3~5次，呼吸要尽量深而长，让心情得以彻底平静，头脑达到清醒而平和。

· 保持中等长度的深呼吸，呼吸要深而长。

· 随着呼吸，用心体察身体的每一部位随着呼吸而产生的每一个细微变化，以及头脑中每一个意念的变化。

· 在意识进入冥想状态之后，开始在大脑中重现自己最美好的经历，就像放三维立体电影一样，将过去的经历尽量全面、真切地呈现出来，并让自己的身心完完全全、真真切切地融入进去，而让自己的大脑始终作为一个客观的旁观者，静静观察这一切。

· 观照的对象，可以是任何你认为在你生命中最美好的经历。

· 在观照时，不仅要呈现真实的场景，还要尽量呈现身体和内心的感受与感觉，让自己的身心"真正"地投入到当时的情境中去。

·在任何想要停止的时刻，停止练习即可。

假如你无法运用你的修持来把握每个当下，那么请你去安静地做下呼吸的冥想。这样，可以有效地把你散乱的思维集中到一个点上。如此，你就懂得了冥想观照带来的思维构造力。修行的本质并没有任何奇特的地方，它的实质就是反复深入自我观照心灵的相续，并且改变它、修正它，否则，这个宝贵的人心会被浪费。相反，如果你用一生的时间追逐自己的念头，执着它所创造的轮回，实际上，就是在梦幻中迷失了自己而不能自拔。

每天冥想从细微处着手，不要奢望神奇的辉煌，看穿这些虚荣的把戏，仔细观照自己的心吧。即使在今生，你无法彻底转化你的心，你无法在证悟上取得多大进展，只要你安静守护自己的内心，观照自己的每一个念头，虽然你无法达到在睡眠中清醒，或者在问题面前还不能控制自己的心，但只要你努力地修正自己每个念头，虔诚地对待自己的内在心灵，而不是做做样子，那么，从内在的层次，你已经转化了你的心境，从而转化了你的生命，安静、观照、放下，你已经展示出了最大的成就。

静坐沉思，敞开我们的心扉

静坐也是冥想的一种简单的放松心情的方法。静坐会使呼吸次数减少，心跳减慢，降低肌肉紧张的程度。心理和生理是分不开的，静坐可以增加自己的内控程度，促进自我实现，改进睡眠状况，而且在面对压力的时候，也会有更多的正向感受。

静坐就要找个舒适、安静的地方，尽量排除外界干扰。当然这是对于初学者来说的，这样有利于初学者很快进入状态。一旦熟练以后，任何地方都可以静坐，例如，在飞机上、咖啡厅、公园里甚至在公共汽车上。对于初学者来说，还必须找一把合适的椅子，因为静坐和睡觉不同，它们会产生不同的生理反应。为了防止睡着，最好找一把直背的椅子，它可以帮助你把腰挺直，可以支撑住背部和头部。

坐在椅子上静坐时，让臀部靠着椅背，双脚略微伸直，双手放在膝盖上，尽量让肌肉放松。若坐的地方足够大，也可以选择盘腿姿势。然后，闭上双眼，吸气时心中默念"1"，吐气时则默念"2"。不要有意去控制或改变呼吸频率，要很有规律地吸气、吐气，如此持续20分钟。静坐时，头不要垂下来，要轻松地挺直脖子或者靠在长背的椅背上，因为垂头会使头部和肩膀的肌肉得不到有效放松。如何知道20分钟是否到了呢？你可以看看手表，若时间还没有到则继续，若时间到了则停止。在整个静坐过程中，看一两次时间是不会影响静坐效果的。以后静坐次数多了，自然会产生20分钟的生物钟。

当你静坐完毕后，要让你的身体慢慢恢复正常状态。先慢慢地睁开眼睛，看房间中的某个固定点，再慢慢地看其他地方。然后做几次深呼吸，伸伸腰，站起来，再伸个腰。不要匆忙地站起来，否则可能会觉得疲倦，或者有不放松的感觉。在你的血压和心跳都很慢的情况下突然站起来，可能会产生眩晕的现象，因此，切记要慢慢地使身体恢复原状。

通常在静坐过程中不会有什么问题出现，但若感到不舒服或头晕眼花，或者有幻觉的干扰，只要睁开双眼，停止静坐就可以了。每天最好静坐两次，每次20分钟，最好是在起床后以及晚餐前各做一次。静坐可以降低新陈代谢，静坐以前应该避免饮用一些含有咖啡因等刺激性物质的饮料，如茶、可乐等。另外，静坐前也不要吸烟，不要在饭后静坐，因为在吃完东西之后，会有很多血液流往胃，而静坐则是希望血液能在全身流动，遍布手足四肢，饭后静坐血液循环较差，难以达到放松效果。

　　别把静坐看作只是每天花20分钟做的一种运动，在所有的静心系统中，静坐具有提升意识及觉知度的功用。当我们从静坐练习中恢复到日常作息活动时，意识会从由内凝聚转为向外开放，其实在静坐时，我们的心就已经敞开来了。

　　佛教对此有一段文字说明：

　　　　意识变得来去自如

　　　　烦躁和清醒不会互相干扰

　　　　这就像你驯服了心中的一匹野马

　　　　完全按照你的命令行动

　　静坐练习能让静坐者及其神经系统从粗糙状态进入精微状态，在静坐过程中，应该尽可能地延长放松感及均衡感的时间。在张开双眼前，花一到两分钟感受周遭的世界；然后张开眼睛，安静地坐1到2分钟，这总共约2到4分钟，只单单在体验"纯粹坐着"的感觉。接着，在保持清醒的状态下，慢慢地伸开双腿，缓缓做几次呼吸，就可以起立去做其他事情。

　　静坐所产生的清醒状态，应该带进每天的活动中。就像卧式放松法可以成为日常生活习惯之一，你也要把这种均衡的感觉随时运用在日常生活中：上菜市场、上班、搭公交车、从事田径运动、打网球、高尔夫球等等。

　　就像在静坐时如果心跑走要把它抓回来一样，当你在日常生活中进行任何一件事时，每一片刻都要全心参与，一旦分神，要立刻拉回到觉知状态。

学习沉思，心需要静养

美国有一位名叫露西莉·布莱克的女人，她的生活非常忙碌，简直是一刻不停，结果终因心脏病发作被送进了医院，医生要求她必须躺在床上静养一年。

她又哭又叫，心里充满了怨恨和反抗，但没有办法，只得遵照医生的话躺在床上。开始时她很消沉，她的一个朋友就劝她说："你现在觉得在床上躺一年是一大悲剧，可是事实上并不那么糟。至少你可以有更多的时间自由思考，能够真正地认识自己，说不定会有更多的成就。"听了这话，她平静了下来，开始树立新的价值观念。

后来，她每天都强迫自己想一件快乐的事。她开始学会沉思，思考自己的人生，思考自己的过去和未来。

一年过去了，她终于结束了卧床生涯，也成了一个快乐的人，因为她学会发现并珍惜自己拥有的东西，而且养成了每天回忆快乐事的习惯。

沉思是现代人最需要学习的自我身心调节方法。我们除了靠正常的饮食和充分的营养来改善体质，还要靠学习沉思来增强生命原有的能力。

人体在沉思时，全身肌肉放松，心率、呼吸及大脑电波缓慢，适度有序；耗氧量减少，基本代谢率降低，免疫功能增强；全身小血管舒张，血中肾上腺素与其他紧张激素下降，大脑皮层处于保护性抑制状态，皮层功能同步化增强，神经功能协调统一等一系列的生物生理变化，对强身健体、防治疾病及延缓衰老均相当有利。

科学研究证实，沉思不仅能修身养性、调节和增进大脑功能，对养血安神、逐渐消除失眠引起的神经衰弱也很有效。静思可以使脑电波稳定，大脑功能迅速得到恢复。沉思时的能量消耗比安静休息时减少20％。当人心情舒畅时，可分泌一些有益的激素、酶和乙酰胆碱等，这些物质能把血流量及神经调节到最佳状态，从而增强免疫系统功能，提高抗病能力。

沉思作为健身之道，极为简单有效，而且没有副作用，是最根本的健身之道。沉思不但能减缓身体的老化，甚至能够重新恢复生命的活力。

有一位神经衰弱病人，整天全身疼痛，多种检查无阳性体征，服用中西药均无效果。后来，有医生每天给病人出几道数学题，或让他写一篇作文。10天以后，病人睡眠安稳，疼痛消失。医生说，这是通过沉思冥想，引导病人对一些事物进行思考，以摆脱和对抗病态情绪，从而使病情好转。

沉思冥想可以缓解身体的紧张状态，这是一个意志和精神战胜疾病的过程。病人通过思想的放松，由消极转变为积极，从而起到战胜疾病的效果。沉思冥想法是一种静养方式，但它比身体运动更有益于身心健康，它可以松弛神经，提高机体免疫力，还可以稳定血压、减慢心跳。

美国哈佛大学一位医学家曾指出："一个人身心过分紧张，会削弱体内免疫系统的机能，冥思遐想带来的完全松弛，会减缓身体的紧张，是防治许多疾病的有效方法。"美国耶鲁大学医学教授伯尼·塞格尔认为，沉思冥想可以治疗包括心脏病、关节炎在内的多种疾病，甚至可以治愈和预防艾滋病和癌症。荷兰的医学研究证明，沉思冥想者比其他人的致病率低50％，在威胁生命的重病比率方面，更低87％。

《美国心脏病学杂志》曾发表的一篇论文认为，沉思冥想不但有助于修炼，还能大大降低高血压患者患心血管疾病的概率。研究人员对202位平均年龄在72岁的高血压病人，进行了长达18年的跟踪调查，最后发现，练习沉思冥想的病人，动脉壁厚度明显缩小，患心血管疾病的概率比对照组要低30％。

沉思冥想的具体锻炼步骤是：背靠椅上，头部顺其自然，或靠或斜均可，闭目静思。沉思冥想的对象最好是以往的愉快事情，也可以是大自然美好的风光如蓝天、白云、草地等。任凭想象驰骋，最好达到飘飘欲仙的程度。沉思冥想每天可进行2～3次，每天10～20分钟。必须在进食2小时以后进行，以空腹为宜，如早餐前或睡前做效果更佳。

沉思冥想不再是思想家、哲学家的专利，如果你希望自己活得健康，活得洒脱，就该多沉思冥想！

让身心得到最佳冥想方式

冥想原本是宗教活动中的一种修心行为，如禅修、瑜伽、气功等，但现今已广泛地被运用在许多心灵活动的课程中。冥想的方法有很多种，如禅坐冥想、慢走式冥想、音乐冥想、沉思冥想、瑜伽冥想、烛光冥想等。只有找到适合自己的冥想方式，才能够让身心达到最佳的放松状态。如果采用不恰当的冥想法，就会白费心力。

深度养心的瑜伽冥想

瑜伽冥想能使人内心更为平静，利于消除紧张、怒气等。从某种意义上说，人的免疫系统和心情紧密相连，可以说，瑜伽冥想也是强有力的预防性良药。瑜伽冥想是运用瑜伽动作，使身体关节放松及拉伸，让心情彻底放松，把注意力集中在某一特定对象上的冥想方法。瑜伽冥想是身体与精神双受益的方式，一般来讲，瑜伽冥想能够深度养心，因此能让人深度放松、调养身心，特别适合身心有问题的焦虑症、轻度忧伤状态、轻度强迫症、慢性失眠和更年期身心症等人群。能让练习者放弃对身体健康有害的坏习惯，如饮酒、吸烟、暴饮、过分少吃等。

冥想是瑜伽中最重要的内容。瑜伽冥想可以使人抛开种种物质欲念，缓解压力，修复人体受损的细胞，而这是深度睡眠无法达到的。

在所有的冥想体系中，没有哪一种比得上瑜伽冥想的功效那么直接、久经时间考验或广为人们使用。瑜伽冥想练习极为简便易行。没有什么硬性的、严格的规定。

下面我们简要介绍一下瑜伽冥想的基本方法：

·开始练习冥想的时候，全身放松。要暂时放下一切的思绪，全部的意念集中在身体上，把自己的处境幻想成一个鸟语花香的地方，很美很美，使身心得到放松。

放松了的身心，使整个人觉得就像是飘浮在空中，什么烦恼杂念都没有了，仿佛这个世界就只有自己一个人存在。

·选择一个让自己感觉很舒服、放松的姿势来练习。如果可以的话，用全跏趺坐的姿势；如果你不能做这样的姿势，则可以选择半跏趺坐或简易坐（左脚脚心贴在右大腿内侧，右脚脚心反方向贴在左小腿内侧，双腿尽量平铺在地板上来练习）。

以上各种坐法，双手食指和大拇指指尖靠在一起，其余三指放松，但不弯曲，掌心向上，放在膝盖上。让背部、颈部和头部保持在同一条直线上，背勿靠壁。面向北面或者东面。正确、稳定的坐姿是冥想成功的关键，因为不稳定的姿势会使思想、意识也变得不稳定。

·先做5分钟的深呼吸。然后让呼吸平稳下来，建立一个有节奏的呼吸结构：吸气3秒，然后呼气3秒。

·如果你的意识开始游离不定，就把它轻轻地引回来。既不要强行集中注意力，也不要让意识毫无控制地东游西荡、散漫无归。安静下来以后，让意识停留在一个固定的目标上面，可以在眉心或者心脏的位置。

·利用自己选择的冥想技巧进入冥想状态。在冥想中，你要清晰地体验模糊不清的情绪，包括积极正面的情绪和消极负面的情绪，仔细回顾负面情绪产生的全过程，在哪个环节上做出了不符合事实的判断，或者是回想快乐的时光、甜蜜的时刻。

·约15分钟的冥想后，要调整呼吸，通过丹田运气来调节，从而排出体内浊气。这时，整个人昏昏欲睡，身心全放松了，静静地享受这份难得的宁静与轻闲。

在进行瑜伽冥想时，还应注意以下几点：

一是清晨和睡觉前是做冥想的最佳时段，其他时段只要你有空闲都可做，但尽量不在冥想前吃东西，或在饭后立即冥想，否则会影响精神状态。

二是选择一个专门的没有干扰的地方来练习，这样可以帮助你找到安宁感，易于进入瑜伽冥想状态。利用相同的时间和地点，会让精神更快地放松和平静下来。

三是在冥想的过程中，要保持身体温暖，比如天凉时你可以给身体围上毯子。

四是如果你利用一种冥想方式练习几次都感觉不舒服，那么你可以放弃这种方式而选择另外一种更适合自己的方式。

五是练习瑜伽冥想要循序渐进，开始时试着每天做1次冥想，以后可以增加到每天2次。冥想的时间应由5分钟慢慢地增加到20分钟或者更长，但不要强迫自己长时间地静坐。

六是练习瑜伽冥想不能心急，不要期望在很短的时间内就达到预期效果。

刺激心灵的音乐冥想

音乐冥想是最好的放松身心、获得活力的方法。闭上眼，在音乐的包围中，放松自己僵硬的身躯和思想，在安静的音乐中让一切思绪趋于平稳。它是现代都市人在压力下，获得深度休息的最佳途径。

音乐冥想是一种优雅的冥想方式，没有固定的动作，只要自己觉得舒服和适合就可以。

冥想时，需选择一些舒服、放松和喜爱的音乐，最好是自然界声响的音乐，如浪涛、花香鸟语等，也可以是自然加上柔性的东西方乐器、神秘的电子合成音乐……这些音乐能够引冥想者进入神奇的自然冥想状态，不同的音乐能带来不同的心灵境界。

音乐冥想在使人获得身心平和安宁的同时，还有激发无限的精神之爱和幸福美妙感受的作用，同时还能刺激心灵焕发新的内在能量，净化心灵，释放心灵毒素等。

放缓脚步，轻闭双眼，让心灵小憩，让音乐如一股暖流，汩汩漫过倦怠的心灵，重拾久违的安宁与平和。在日常生活中，音乐能够给人们带来的欢乐是不言而喻的。同时，有研究证明，音乐可以帮助缓解人们的紧张情绪。但是，什么样的音乐能够舒缓人的情绪呢？最近英国科学家发表的一项研究报告显示，速度舒缓的音乐能够对紧张的情绪起到放松的作用，而且等音乐停止后，听音乐的人心跳节奏和血液循环系统会得到进一步调整。而那些有过一些音乐训练的人，能够从音乐中获得更明显的健康效益。

音乐冥想疗法源于欧洲，可以说是欧洲的传统医术之一，欧洲许多家庭会在家中准备一张光碟以备不时之需。不同音乐有转化不同负面情绪的效果，令心理上的伤口一一被修补，使人能够以健康的身体、愉快的心灵去迎接新一天的挑战。

在医学研究中发现，经常接触音乐节奏、律动，会对人体的脑波、心跳、肠胃蠕动、神经感应等，产生某些作用，进而使人身心健康。音乐无形的力量远超乎个人想象，所以聆听音乐、鉴赏音乐，是现代人极为普遍的生活调剂。慢节奏、比较安静的音乐可以使人的呼吸器官放慢进气和呼气速度，产生安静的冥想空间。这也是通过科学研究第一次证明，音乐可以比较容易地使人的呼吸速度变慢。当人的呼吸速度变慢时，人的血压通常也会下降，而且还有助于肺部更加有效地工作。

音乐冥想比传统的冥想静坐方式要更轻松简单，适合忙碌纷繁的现代人，尤其是冥想初学者，他们往往无法进入"专注于一点"形式的冥想，因为那需要强力的专注，密集的锻炼，以及对各种冥想问题的克服，如昏沉、散乱。音乐冥想还可以触动感情。

音乐冥想的基本步骤是：

· 以放松的姿势伸展背部，肩膀放松，然后轻轻地闭上双眼。在倾听美妙音乐的同时，慢慢地呼吸。

· 先尽可能地呼出体内的浊气，然后用鼻子吸气，让肚子鼓起来。同时，去感觉吸入周围的一切喜悦，一边在心里说"太好了"，一边吸进新鲜空气；也可以想象吸进了许多宇宙的能量。

· 接着用鼻子呼气。这时，想象自己接受了喜悦，以感谢的心情在心里说"谢谢"，同时心中描绘自己送出内心净化了的能量的影像。

· 冥想中什么都不要考虑，只要全身心地沉浸在喜悦和感谢之中即可。

　　进行音乐冥想时，音乐的选择很重要。不同的音乐能带给人不同的心灵境界，但一般以柔和、愉快、轻松的音乐为佳。

　　当你出现焦虑、忧郁、紧张等不良心理情绪时，不妨试着在音乐冥想中看看"多瑙河之波"，逛逛"维也纳森林"，让自己在短时间内放松休息，恢复精力。

放下杂念的烛光冥想

　　烛光冥想可以让人放下所有的私心杂念，感受当下的内在平静，可以使人解除压力，从而使心灵更加平静，精神更加饱满，自信心无形增强。

　　烛光冥想即"一点凝视法"练习的一种，"一点凝视法"在梵文中的意思是"中心的视觉"，按中文翻译即为"凝视"。当视觉干扰停止后，人们的心灵会很容易变成水波不兴的平静水面。所以这项练习是集中和冥想间的桥梁。进行这一练习还可以保养眼睛并改善有缺陷的视力。

　　烛光冥想是用眼睛。眼睛张开，不要眨眼，其实只要掌握了原理不使用蜡烛也可以掌握冥想。不使用蜡烛，把眼睛睁开，尽量不眨眼，疲劳了需要眨眼来保护眼睛，但是你控制它，不眨，这时头脑的思维就停止了，没有了任何思维。

　　烛光冥想通过凝视可以加快眼部的血液循环，而流出的眼泪又可以排出眼中的杂质。它可以提升自信心，练就有神的双目，让你能坦然面对他人的注视，目光不会游离。它是一种极好的放松冥想方法，通过凝视烛光和在脑海里捕捉火焰的影像，逐渐进入冥想状态，常练习可以使人解除压力，从而心灵更加平静，精神饱满，自信心无形增强。练习后会明显感觉眼部疲劳得到解除，视力得到加强，眼睛明亮而灵敏，还可以有效治疗各种眼睛疾病。

简要介绍一下烛光冥想的基本方法：

准备蜡烛，火苗的高度要和眼睛处于一个水平位置，身体距离蜡烛一臂半左右。视力较弱者对烛光的刺激更敏感，因此要稍微远离烛光。如果单眼的度数高于400度，那么距离应在2米左右。练习过程中，可以戴框架眼镜，但不能戴隐形眼镜。因为练习中很可能会流泪，从而让隐形眼镜移动，刺激角膜。做过眼部手术的人(如近视眼手术)最好先咨询医生，一般是术后3个月可做烛光冥想，患有抑郁症的人不可以进行烛光凝视。

盘坐或者跪坐的姿势都可以，但不要弓腰驼背。如果选择盘坐姿势，要让膝盖低于髋关节，柔韧性差的人可以用垫子将臀部垫高，这样能保证腰背部在练习过程中是伸直的。

眼部放松闭上眼睛，深深地吸气，缓缓地呼气，腰背挺直，全身放松。首先将头转向左侧，视线落在右肩后方，再将头转向右侧，视线落在左肩后方；然后向上看，当你的眼睛朝上看的时候，你的视线应集中在鼻子上，最后是下方，尽量让你的下颚抵住锁骨。注意动作缓慢、均匀，然后做5个深呼吸，睁开双眼。接着是活动眼球，上下左右连续转动，每个动作的间隙，可以闭上眼休息一会儿，感觉心是完全的静止状态。

烛光冥想做完眼部放松动作后，慢慢睁开眼睛。睁开眼时，你的视线不要直接落在烛光上，而是逐渐地从你的膝盖移到面前的地上，再抬高视线至烛台下方，最后移到烛光上去凝视。凝视时眼睛要放松，尽量不要眨眼，等到感觉眼泪要流下或已流下时，缓缓收回眼光闭上眼睛，把掌心弓起，使手掌成碗状扣在双眼上，停留5～7个呼吸，放松一下。然后睁开眼睛直接凝视烛光，感觉眼睛发酸、眼泪要流下或已流下时闭上眼睛，双掌相合揉搓后扣在眼睛上，让眼睛稍作休息。这个时候如果够专注，你的眉心会出现蜡烛的火光，用意识将它牢牢地抓住，火光会越来越小。当眉心的火光消失了，你再睁开双眼继续凝视烛光……这样反复注视烛光大概10分钟。

全身放松，最后让自己平躺下来，全身放松。放松完毕，深吸气，身体坐立起来，吹灭蜡烛。

在进行烛光冥想时，还应注意以下几点：

一是练习过程中，请注意手心不要碰触眼睛，此时眼睛非常敏感，让眼泪自然流出即可。

二是在练习中，只要是舒服的，就不要以任何理由、任何方式移动身体。

三是在暗室中练习时要保证空气流通，因为蜡烛在燃烧时，有少量的铅，对人体有害，空气的流动可减少伤害，但以不使烛光过度晃动为宜。

四是练习最好是晚上做，这样还可以改善睡眠质量。

五是练习过程中可能会有流泪或眼睛酸胀的感觉，这是正常现象。如果感觉非常难受且的确无法集中精神，可以放弃而选择其他冥想方法。

超脱自我的坐禅冥想

在僧院及佛寺中，出家人都必须劳动工作，他们要整理寺院、扫地及煮饭。这一切的工作都是修行。并不是只有静坐才算禅，生活中每一个细节都是禅。和尚们把所有用具都视为珍宝，任何东西都很珍惜，如果有些许浪费或不小心，就代表没有用心生活，连用餐时都要心怀感激。日本茶道很风行，茶道就是训练人产生谦恭、尊重、平静，使身心超脱外表的虚矫、狂妄。对日本人而言，茶道也是一种专注力的练习：所有外表显现出的平静都来自内心深处的安定力。

如果有人从茶道中能领悟到训练专注力的重要，那他就已经窥见禅的一小部分了。

日本的武士，借着茶道的练习来镇定自己的身心，为征战做好准备。他们通过这种仪式来进入禅中"无我"的境界。

禅蕴含于生活之中，存在于洗手、穿衣、吃饭甚至睡觉中。而坐禅冥想就是要减少无益的妄念，使大脑经常保持轻松与冷静的状态。

禅坐的功用在于训练自己的心，让人从执着、偏见、野心、贪婪和情欲中解脱出来，克服精神压力、紧张、焦虑、忧郁和敌意。它是现代人寻求精神愉悦、清醒自我、放弃偏执的好方法。

1891年，法国画家高更离开繁华的巴黎，到南太平洋的大溪地岛去作画。他刚来到这个岛上时，非常惊讶于当地人居然可以坐着不动达数小时，而周围安静得可以听到树叶飘落的声音。在他自费出版的一本书中这样记载："我正要离开（大溪地)，年纪老了2岁，心情却年轻了20岁；比我抵达时更像一个野蛮人，但更聪明了。是的，野蛮人教导了我这个从腐败文明来的人许多事，这些无知的人教了我许多生活与快乐之道。最重要的，他们让我更加了解自己，他们教给我最深层的真理。"

在高更去世的前一年，他留下了《野蛮人的故事》这幅杰作，画中的土著人盘腿而坐，静气凝神，似乎在禅坐冥想。

什么是禅坐？其实就是坐禅。坐禅的基本要领是调身、调息和调心，三者之中，以调心为重心。

　　坐禅冥想在养心养身的同时，还是发掘和发挥人的潜在智能和体能的好方法。人如果受到过多和杂乱妄念的影响，会消耗体能、降低智能，还会导致情绪波动、欲望强烈、愤恨、傲慢、失望等，使身体系统严重失调而失去平衡。坐禅会让人坚强意志，改变气质；在身体方面，可以获得新的能量和活力；在心理方面，会得到新的希望，对周围的环境和状况会产生新的理解和认识。此方法需要长期坚持，多为佛、道修行者采用。

　　当生活中各种杂乱的念头，尤其是使情绪激动的强烈的欲望、愤恨、傲慢、失望等，使得生理组织发生变化而失去平衡时，禅坐冥想能够减少那些杂乱及无益的妄念，使头脑经常保持轻松与冷静的休闲状态。禅坐冥想的目的，就是要通过静态的身心训练，学习放下种种紧张、不安、焦虑和妄念，让身心清净和安宁。

　　有学者研究，在20分钟的禅坐冥想以后，心跳的次数、呼吸速率、血压、氧气的消耗、二氧化碳的制造和血清乳酸的量都减少了，他称这种现象为"放松效果"。每天坚持20分钟的禅坐冥想2次，即使你的工作非常繁重，在禅坐之后也会像充了电一样，再度充满活力。

　　禅坐对于各种慢性疼痛也有奇效，特别是腰颈疼痛。腰颈疼痛大多是由于情绪不良，以及工作休息时身体姿势不正确，造成腰颈部肌肉收缩不协调。习惯禅坐后，会自然而然地注意保持正确的身体姿势，在一定程度上消除病因。

　　禅坐还会对人的心智产生深刻影响，使人思维敏捷，观察力增强。

　　坐禅冥想姿势为：双腿盘坐，右脚背压于左大腿内侧，左脚背压于右大腿内侧。采用腹式呼吸，将注意力集中在呼吸上，一开始不必强求腹式呼吸，顺其自然，保持平常呼吸。持续下去，日子稍久，放慢呼吸速度，从而逐渐达到腹式呼吸。一个练习禅坐的人，平常应常常运动，如慢跑、打太极拳、做体操、练瑜伽等等。运动有助于血液中的化学平衡，使精神愉快、神经松弛，减少心理的紧张和焦虑。

在禅坐前后，均需做适量的暖身运动，并注意按摩全身各部位。禅坐前先运动后按摩，以期身轻心安，血液循环正常；禅坐之后，先按摩后起身，再做运动。按摩时先将两掌搓热，先轻轻按摩双眼，然后依次按摩面部、额部、后颈、双肩、两臂、手背、胸部、腹部、背部、腰部，再至右大腿、膝盖、小腿，再至左大腿、膝盖、小腿。

禅坐并不限定时间，除饭后半小时内不宜。一般人因工作繁忙，可选择早晚练习。时间随自己适应能力由短而长，短则3～5分钟，长则1小时或更长，乃至数小时或数日，一切随缘，不宜勉强。

激发内心的愿景冥想

愿景冥想是借助人的想象，在脑中构建美好的愿景，以此来激发生命的能量，并实现内心的安详。当人们被教导通过想象放松的时候，人们多半会想蓝天白云或者海滩，或者公园、飞鸟；或者还有人会想象自己五年后或者十年后的样子，想象着自己出人头地，名利双收，这也是一种愿景冥想。经常做这样的愿景冥想，会极大地增强自信心，给予自己很大的力量。

愿景，是我们每个人可以觉察到的动力和激情的来源。若不是心中有个"温馨的家"的愿景，没有人会愿意背负沉重的债务去贷款买房；如果不是心中有个"孩子将来一定要有出息"的愿景，父母们大概会选择去夏威夷度假，而不是节衣缩食为孩子积攒出国留学的学费。愿景，是我们生活的最重要的精神支柱。

愿景的形成，不是一朝一夕，也不是随便就可以被否定的，是我们多年的生活经历所塑造的，因此，愿景本身，携带着巨大能量。

　　在困难的时刻，我们就要动用这个力量，让愿景来帮助我们渡过难关。

　　在做愿景冥想的时候，你需要为自己决定你到底想做什么样的冥想、想要达到什么样的效果，这样设计之后的愿景冥想会更有效用一些。例如，你现在经济困厄，只是一个普通的小职工，你心里一直期待着自己能拥有一定的社会地位，经济富足。根据这样的渴望，你便可以设计自己五年后或者十年后的愿景，那个时候的你富有而且有名望，你尽可能地去想象，让这个画面清晰一些，甚至让里面的每个人都有清晰的形象，当然，最重要的是自己，还有你的家人、你的亲朋好友等等。你可以随便地想象，尽量避开任何会给你造成压力的东西，尽量想象正面而积极的场景。当你的冥想结束时，或者你觉得你的冥想愿景设计好之后，你可以把这样一幅愿景收藏在你内心的某个地方，那就是你生活的目标。下一次冥想时，你可以仍然这样冥想，或者做一些改动，都没有关系，但是要记住：要产生积极的效果。

　　现在我们可以坐下来或者躺下来，放松自己，调整你的呼吸，让你的心灵从现实的烦琐束缚中抽离出来，向更深的地方探索。

　　请你把注意力集中到你的愿景上，不管这个愿景是什么，都集中地想它。一般来说，愿景是形象化的，而不会是抽象的。例如温馨的家，总是伴随着一系列的形象，爱人的笑脸、舒服的沙发、你喜欢的装饰风格、窗帘的颜色、家具的款式和色彩……让这些形象显现出来，使你陶醉其中。

　　这时，你心里会出现一个声音，这个声音往往来自我们胸腔或者腹部或者某个部位的一种不舒适感，这个声音在说："好难啊，你做不到！"这就是这个练习所要解决的问题。

　　当这个声音出现时，你要控制你的注意力，不去搭理它，而是尽情地陶醉于你的愿景当中。要让自己有身临其境的感觉，让自己完全沉浸在成功的喜悦当中，牢牢记住这个感觉，牢牢记住这些景象。

当你回到现实中，面对困难和挫折的时候，请你深呼吸，然后仔细回忆这个景象、这个感觉。你的力量，将会因此而被唤醒。

也就是说，这个练习其实是两个部分。在冥想的时刻，要让愿景形象化和清晰化，并且深深地记在你的脑子里，然后，回到现实中，能够随时拿出来用。

冥想的时间，不要少于15分钟。总之想得越丰富越真实，就越好。

洁净心灵的其他冥想

冥想的方法很多很多，这里再简单介绍几种：

（1）慢走式冥想

美国斯坦福大学医学院的健康教育、健身专家鼓励那些走路健身者改变自己的运动习惯，号召大家不妨边慢走边冥想。这种慢走式冥想可以帮助人专注思想，集中精神，同时让人从思维上、态度上保持一种平稳的心态。当你把这种心态带到生活与工作中去时，你将能够在一切波澜面前保持稳定、平和的情绪。实验证实，一群人在慢走式冥想16个月之后，焦虑减轻，对自己也有较正面的评价。

走路，如今已经渐渐退出大多数人的生活——出门大都以车代步，偶尔走几步路也是大呼脚酸，赶路表情焦虑……走路真的那么烦吗？其实行走时把注意力放在姿势、呼吸和冥想上，哪怕环境再嘈杂，心灵都会变宁静，整个人也会因此大不同。

无论是宽阔的马路还是狭长的小道，甚至地铁、楼房的楼梯，又或公园、湖边，都是慢走式冥想的"幸福地"。现在请大家尝试能带来幸福的慢走式冥想吧！

（2）芳香冥想

芳香冥想是一种有嗅觉功效的冥想，冥想者选择适合自己的、喜欢的香薰精油，利用嗅觉慢慢释放心灵毒素，调节身体压力和不适，达到良好的减压和美容效果。

芳香冥想不仅是洁净心灵的一种有效方式，更是舒缓并唤醒肌肤和身体活性，提高身体敏感度的好方法。这种方法更适合感性的女性，在冥想的同时，还会提升女人优美的性情和高尚的情趣。

具体方法是：选择自己喜爱、适合的香精油，放入精油炉加热散发香气，选择坐式盘腿的方法，采用缓慢的腹式呼吸。想象着自己已经到达喜欢和向往的地方，从头部开始放松，接着是肩部、腰部、背部……然后告诉自己"我现在彻底地放松了，我的心灵找到了真正的安宁，我已经没有烦恼了"等类似的暗示语。

（3）美丽冥想

这种方法没有固定的动作和步骤。选择一个幽雅安静的环境，不拘姿势，调整好情绪，跟着自己的腹式呼吸进入冥想状态。从1数到10，渐渐放慢呼吸，想象自己的皮肤光洁无瑕、红润、自然有光泽。

美丽冥想是女性美容的一种心理暗示方法。比如，经常冥想，皮肤光滑细嫩，可延缓脸上皱纹的生成。心理对身心产生的作用是明确的，当你冥想时，大脑会产生一种激素，按照冥想对象不断地调整身体状态，使你控制肌肉、软组织甚至骨骼形态的信息码发生相应变化，从而达到美肤目的。

（4）简单冥想方法

可以在平时做练习，随时随地练习冥想的一般方法有：

·看镜子。拿一面镜子，去观察镜子中的自己。不要以平时"我看镜子"的思维去看，要倒过来把角色置换，由你是镜子里的人往外看着你本人，当你熟悉的脸孔从镜子中看着你时，会有一种奇怪的感觉。当你用自己熟悉的脸孔看着自己的时候，会有一种很特别的意会的感觉，意会的感觉是禅，不能说，就是这种意会的感觉，可以体会到，有些神秘感，却说不出来，从而进入一种无思虑的状态。

·发愣，发傻。在很焦虑的时候，对自己说我现在发愣一会儿，把上下嘴唇分开，放松下颚，发愣一下，这时的思维瞬间切断，进入冥想的状态。

·做手工。在做手工（补鞋、绣花）时容易出现这种状态，专注于手工的时候，嘴里哼一首曲子，此时头脑没有思虑，能产生愉悦的感觉。

第二章

冥想初级修习：想象

想象是一种散漫的冥想

想象是一种特殊的思维形式，是人在头脑里对已储存的表象进行加工改造形成新形象的心理过程。它能突破时间和空间的束缚。想象能起到对机体的调节作用，还能起到预见未来的作用。

冥想时，首先要决定你想要的事物，接着相信你最终会拥有它，然后把焦点放在你对身边的一切事物的感恩之情，最后再用心来感受这种快乐。

不过，当想要的结果仍未出现时，千万不要疑惑，其实结果已经来到你身边，只是暂时还没有出现。

我们的内心应及时建立起一道道消极思想的防火墙，当你让怀疑思想在心中出现的时候，要立即从心中将它们过滤掉，然后去感觉接收到的积极思想。

想象是思想成像的过程

有这样一种理论认为：世上有一个看得见的世界和一个看不见的世界。在看不见的世界里有一种看不见的力量——意识在发挥着作用。由于意识的存在，人类的各种各样的能力得以更好地发挥。在不可见的世界里，物质等于能量等于意识，三者是一体的，可以相互进行转换。换句话说，意识可以与物质、能量相互发生作用，物质也好、能量也好，其源头都是意识。一直以来，意识都没有成为科学研究的对象，但是在意识里隐藏着巨大能量。七田真在《如何培养儿童右脑》一书中写道："物质和精神是根源于一个世界而产生的，原本并没有分为两个概念。在波动的作用下，人可以通过冥想和想象，进入到这个本源的世界。"

世界主要是由物质、信息、能量组成的。人的意识是信息的一种高级存在形态，一种高级的表现形式。连接物质与精神的是波动。感情是波，思考是波，肉体是波，物质是波，而将它们一个个连接起来的还是波。宇宙的能量是所有这些波的根源。

奥地利哲学家鲁道夫·斯泰那认为，全部的宇宙能量都包含在人类的精神中，这里所说的人类精神，与现在物理学所说的人类精神完全不同，它所具有的能力与物理学的人类精神之间的差别有几个数量级。人类的精神可以包容全部宇宙，由此我们应该想到人类具有多么大的能力。明白了这一点，所谓的奇迹就不再是什么奇迹。

想象训练的一个重要内容就是通过训练使人的思想由粗浮变精微。

我们的偏见就在于，一直以来，我们认为意识似乎是与物质分离的，是物质的附属，是被物质决定的。而实质上，意识、物质、能量本是一体，而且三者可以互相转化。这正是意识具有巨大能量的原因。

脑科学认为，右脑中存在"心灵感应通道"和"想象通道"。它具有一种想象机能，能够将收到的信息进行快速转换。右脑是通过图像进行思考的脑半球，所以在听到语言后能够将它变成图像，或者能够把图像变成语言。但还不止如此。右脑还具有如下功能：它能够把图像变成数字，或者把数字变成点的集合；能够把声音变成图像或乐谱；能够把声音变成颜色，把气味变成图像。

一般来说，人的思想千头万绪，就如同汹涌澎湃的大海，难以显出多大能量。但是，想象就不同了，想象是思想成像的过程，是能化为能量的利器。

想象有着不可思议的力量

美国曾经做过一项这样的实验——精神与肉体的较量。

一次，美国费城一家医院发布一则广告：招收一名健康的中年男子，除给予优厚的酬金外，医院还免费供应吃喝，但是每天要供给医院一定量的血液。告示发布之后，流浪汉比尔被选中。

比尔被安置到一个小房间，医院每天送来他喜欢吃的食物和各种营养品，但不准他随便外出。每天早上，比尔将胳膊伸出房间里唯一一扇直径不到20厘米的小窗口，窗口挂着布帘，看不见窗口外面，这是为献血者特设的窗口，以便于让隔壁房间的医生隔帘抽血。

一个月过去了，尽管院方给比尔提供了丰富的饮食营养，比尔还是明显地消瘦了，体重由原来的80公斤降到70公斤，而且面容憔悴，目光呆滞，性情忧郁。

第二个月开始了，医院告诉比尔，以后不抽他的血了，但一切物质待遇不变，而且还允许他到室外走走。一晃又是一个月，比尔的体重增加了15公斤。最后比尔被告知这是一个试验，实际上医生们根本没有从他身上抽去一滴血。他第一个月的消瘦，完全是想象因素所致。

有研究机构对一名十分具有想象力的人进行了多年研究，结果发现，只要这个人说他想象出什么事物，就可以观察到他的机体发生了奇异的变化。例如，他说"看见右手放在了炉边，左手在握冰"，这时就可以观察到他的右手温度升高了两摄氏度，而左手温度降低了1.5摄氏度；当他说

"看见自己跟电车奔跑"时，就可以看到他的心跳加快；"看见自己安静地躺在床上"时，心跳就减慢了。

想象有着不可抗拒和不可思议的巨大力量。心理学家普拉诺夫认为，想象的结果使人的心境、兴趣、情绪、爱好、心愿等方面发生变化，从而诱使人的某些生理功能、健康状况、工作能力发生变化。

想象式暗示是影响潜意识的一种最有效的方式。它超出人们自身的控制能力，指导人们的心理、行为。暗示往往会使别人不自觉地按照一定的方式行动，或者不假思索地接受一定的意见和信念。

"想象"的作用还影响人的情绪和意志，经历中出现的不良暗示信息，只有通过想象才能替换掉。不良的想象和消极的想象，对于导致失败都有着直接关系。

亚洲首富孙正义在23岁的时候，得了肝病，整整住了两年医院。在两年当中，他阅读了很多书，并根据自己读书的心得写了从事四十种行业的发展计划。他通过苦思冥想，终于明白了自己多年百思不得其解的困惑。

一出院，他就以坚定的信念决定进军计算机行业，并从所读的书中总结出了一套与众不同的创业方案。

于是，孙正义创立了他的公司，这时他的员工只有两个。公司开业那天，孙正义站在公司装苹果的水果箱上面，跟他的两个员工说出了一番冥想时得出的誓言："我叫孙正义，在25年之后，我将成为亚洲和世界的首富，我的公司营业额将超过一百兆日币！"那两个人听了之后，立刻辞职不干了，他们都以为老板疯了——后来，孙正义兑现了他苹果箱上的冥想誓言，成为亚洲首富，而且正在向世界首富比尔·盖茨发起挑战！

朋友，千万不要轻视和忽略自己想象的力量。

想象能塑造全新的自己

世界是个大舞台，每个人都要在这个舞台上扮演一个角色，且不说你扮演的这个角色是否符合你生命的本质，是否符合你的性格气质，是否满足你的兴趣爱好，只要某种因素赋予了你某种角色，这种角色就具有"模子"一般的巨大的塑造力量，而你往往只不过是这个"模子"的复制品而已。而背后的控制者、操纵者不管是什么力量在起作用，都是通过你的想象力来产生的。或许你很不服气，我才是我的主宰，我才是控制我自己的决定力量，我才能决定我自己的方向，我怎么会被别的力量所控制和操纵呢？让我们用实验来说话。

齐姆巴多曾在斯坦福大学心理系的地下室建立了一个模拟监狱。他把一组心智正常、情绪稳定、知识丰富的年轻人带进"监狱"，以扔硬币的方式决定各自扮演的角色。一半当"犯人"，一半当"看守"。彼此各自按照所扮演的角色生活。还不到一个星期，齐姆巴多就不得不终止实验。因为所见的情景太可怕了：无论是"犯人"还是"看守"，都不能分清自我和所扮演的角色，其行为、思想和感情已经发生了巨大变化。"看守"把犯人当作最可恶的动物，以对别人施加残暴为乐；"犯人"则变成奴隶般的恶人，他们想的只是逃跑以及对看守的憎恨，这实在是触目惊心！

这个实验结果太令人震惊了！这能够很好地说明，运用想象训练，在短时间内完全可以改变一个人的行为、思想、情感乃至于一切。齐姆巴多让志愿者扮演的是"犯人"与"看守"的不同角色，在一个星期内就可使他们"不能分清自我和所扮的角色"，扮演犯人的人真的成了"犯人"，扮演看守的人真的成了"看守"。由此可以推断：如果扮演的是伟人，那么不就真的成了伟人吗？扮演的是英雄，那么不就真的成了英雄吗？一个星期不行，那么一个月、一年、数年……只要你认认真真地去演，时间一久，"真实的我"与"角色的我""旧我"与"新我"之间的界线就会烟消云散。所以说，运用"想象训练"完全能够使人在短时间内变成目标中的人物，变成理想中的人物。美国的社会学家马顿和凯特合著的《美国士兵研究》也得出了这样的结论：经常模仿军官的士兵，有不少人后来真的被提升为军官。

由此可见，想象训练完全能够使人进行全方位的重新塑造：仪表的重塑、风度的重塑、形象的重塑，更重要的是心灵的重塑、精神的重塑、人格的重塑……使人在外部形象与内部心灵上发生巨大改变！

再让我们来做一个实验。

第一步，双脚站立，与肩同宽，全身放松，双手握拳，重叠靠在鼻子上，面向正前方。

第二步，双脚不动，身体尽量向右转，记住眼睛正视所能见到的地方。

第三步，向左转，恢复原来放松的姿态，放下双手，闭上双眼。

第四步，用心转，想象向右转(身体不动)，且所转角度是原来第二步实际所转角度的两倍，然后再转回来。

第五步，用心转，想象转成原来第二步实际所转角度的三倍大，再慢慢回复原来的位置。

第六步，再一次用心转，想象转成原来第二步实际所转角度的四倍大，再慢慢回复原来的位置。

第七步，现在睁开双眼，按第一步和第二步的方法实际再转一次。

第八步，恢复自然姿势。

当你认真做完以上实验，你是否发现第二次实际所转的角度比第一次大了许多？据统计，90％的人做完了以上实验都发现，第二次所转角度比第一次大了许多。

这就是想象力的作用。想象可以变成实际的力量，产生实际的行为，这是这个实验的结论。

你一定要注意，你要成功，要度过美好的一生，你最初选择的角色非常重要，选择什么专业、什么职业、什么单位、什么领导、什么同事、什么朋友、什么老师，这一切都会在你不知不觉、天长日久中，由你自己以及你周围的环境和人，塑造成一个"模子"，而这个"模子"就成了你的"心灵软件"，能够主宰你、控制你，使你身不由己、做不了自己。如果你的选择是正确的，那这个模子会使你受益终身；如果这个模子开始就是错的，那么它会将你带入歧途。

在自己能够选择的权限范围内，做出最佳选择，以创造一个最初的成功"模型"，这对于我们的一生至关重要。

提前排练的预演想象

你要做一件事情，没有把握，信心不足，怎么办？很简单，索性做个编剧和演员，自导自演，将事情可能出现的所有情况一一在头脑中上演出来，从中选择最佳方案，就容易成功了。

日本著名医学博士，《脑内革命》作者春山茂雄无论学什么，都用大脑制造形象。学骑自行车时，先在脑子里反复出现自己骑自行车的形象，形成熟练的骑自行车的形象后，才开始接触真正的自行车。骑上去后，很快就得心应手，轻松自如。

学医时他第一次给患者做盲肠手术，就做得非常漂亮，令人大吃一惊，许多人认为他不是第一次做手术。

他为什么第一次做手术就出手不凡呢？因为他在观看高年级同学手术实习后，自己执刀之前，先反复进行形象练习，脑子里清晰地浮现出自己执刀给患者动手术的自始至终的全部形象，想象可能出现内脏粘连等各种复杂疑难的症状，在脑子里描绘有条不紊地及时判断处理的全过程。

想也能够达到目的、目标，而且有时候想比做的效率还高，效果还好。想更能省时省力，那么，我们何乐而不为呢？

这就告诉我们，我们的能力的开发、训练，可以通过想象训练来实现。拿破仑为什么在23岁时一鸣惊人呢？在土伦战役之前他还仅仅是个少尉，没有战争经验。马克斯威尔·马尔兹认为，是拿破仑经历了想象训练，他把未来将要发生的事情千遍万遍地在头脑里预演，于是，当机会来临，他就能够一举成功。拿破仑不仅自己创造了一系列的奇迹——27岁任军团司令，30岁任法国"第一执政"，33岁成了"终身执政"，35岁便当皇帝；而且他还培养了一批人才，达乌、马尔蒙、苏尔特、茹贝尔等都是不到40岁就成为将帅。"每个士兵的背囊里都有一根元帅的指挥棍"，这句拿破仑的格言成为激励士兵们成才的巨大动力。

下面就介绍一个运用想象训练来戒烟的方法。

首先把戒烟后的好处逐条写在一张纸上，写得越多越好，包括：增进身体健康、节省开支、增加对自己的尊重、让家庭空气更清新、改善与恋人或配偶的关系等。写完后要把这张纸贴在醒目之处，让它时时给自己以激励。若能配以相应的话或归纳为富有感召力的标语更好。

上述工作完成后，你可在每天晚上入睡前想象自己在明媚的春天里，漫步于绿草如茵的丛林中，溪水从身边流过，小鸟在婉转地啼叫；或躺在温暖的海滩上，身边是蓝色的大海，海风在轻轻地吹着，阳光和煦地照在身上……无论你想象什么，都要尽可能生动形象地展现每一愉快细节，让自己的身体彻底放松，把紧张从人体的各部位驱走。

做好上面的想象后，再想象自己依然在这样的环境里，你已不吸烟了，并用较慢的节奏重复念着不吸烟的种种好处，如，我现在已健康了，我希望这样，我在海滩上跑着，这多么富有诗意；周围的空气多清新啊，这完全是戒烟带来的好处；我戒烟了，我能控制自己，我真了不起……

国外心理专家的实践经验表明，许多吸烟者在这样一次想象训练后大都戒了烟。吸烟者觉得很容易掌握这种方法，并且发现它的确有效。这个心理训练方法也可以帮助你改掉其他不良习惯。

想象训练还可以达到调节精神、愉悦身心的目的。比如想象蔚蓝的天空，使人胸襟开阔、宁静爽朗；想象蓝天与草原，令人心旷神怡、舒畅豪放；想象白云，有轻松安逸之感；想象七彩霞光，给人以温暖、安宁和美好的联想；想象青山幽谷，使人神清气爽；想象长江黄河，令人神情激荡，促人奋进……

想象美好，内心才会充满力量

1992年，密苏里州有位牧师的女儿贝丝将父亲告上了法庭，控诉父亲强奸她，使她怀孕、堕胎，引起轩然大波，人们无不谴责那个衣冠禽兽的父亲。然而，贝丝接受身体检查后，仍为处女，从未怀孕，那年她22岁。

原来，1992年的一天，贝丝向一个教堂的咨询师求助，咨询师向贝丝头脑里输入了这样的图像——她父亲在她7岁到14岁期间常常强奸她，使她怀孕两次，并迫使她堕胎。

事情真相大白后，贝丝控告那个咨询师，于1996年获法庭判得100万美元的赔偿。

暗示和催眠竟使人产生幻觉和错觉，使人的头脑中产生虚幻的影像，而且这个幻象牢牢地控制了人的大脑和心灵，使人对之深信不疑。想象力能够使人变成鬼啊！

想象力，一种主宰人的身心的力量，一种决定人的思考方向的力量，一种意志品格的"钢筋骨骼"，应该说所有的高明的统帅、智慧的领导者都会认识到这一点。只是"想象力统治世界"——拿破仑的这句话最有概括力而已！

当然，想象能够把人变成鬼，也能把人变成天使。米兰姑娘很自卑，直到32岁还没有交过男朋友。她向一位心理学家请教，心理学家说，运用"想象造心法"即可。米兰一脸迷惑，她是第一次听到这个名词。心理学家邀请她参加星期二在他家举行的晚会，并请她帮助招待客人，越自然越好。

这天晚上，米兰穿着得体，笑容可掬，落落大方地招待来宾，给人们留下了美好的印象，她成了晚会上最受欢迎的人。当晚，有三个英俊的青年争相送她回家。

米兰为什么转变得这么快呢？原来心理学家提前跟每个朋友打了招呼，说有一个重要的女客人将在晚会上帮助他招待客人。他又给米兰打气说，所有来的客人都会十分尊重你，你尽管放心地做事。这样，在一种良好的氛围中，米兰发挥出了很好的水平，进入了自然而然的境界。

事后，心理学家忠告她，要把晚会那天所有她成功的体验，经常在头脑中"放映"，千遍万遍，直到那种感觉体验、那种成功的"图像"真正成为她的"心灵软件"为止。米兰言听计从，后来成为一个很有魅力的姑娘。

其实自己才是自己真正的主人，当你想象美好时，你的内心才会充满力量。无论你每天多么忙碌，需要你感受自己处于主人的位置上，而不是行动或者想法的奴隶。无论是从思想的角度还是内心感觉出发，你要意识到你是自己意识和无意识的主人，是真正的你自己的主宰。你必须对整个的自我控制时刻保持警惕。

在每一天，你要时常感受你自己的存在，体验你自己内心的感觉，分清哪些是你最想得到的，哪些是不需要的，哪些是你最想做的……你对你自己的思想哪些是你喜爱的，哪些是你讨厌的，你都要非常非常清楚。

还要学会怎样与你自己相处，调节好你的思想和感觉、内心和行动、意识和无意识之间的差异，让它们友好和谐地相处，在平静中喜欢上自己，爱上自己。如果有人问你，这个世界上你最喜欢的人是谁呢？你要毫不迟疑地回答说："我自己。"试问，如果连你都不喜欢你自己，那你如何去期待别人喜欢你呢？

你希望别人怎样对待你自己呢？找个安静的地方去想清楚。找到后记录下来，贴在容易看到的地方，按照记录的内容来对待你自己。例如，当你用爱和尊重来对待自己，你的生命将会充满爱你、尊重你的人。

想象成功，就会成功

美国著名的社会学家马顿和凯特在美国的一所著名军事学校做过一项调查，发现在军校期间，那些看上去比较调皮，经常面对战友模仿长官动作、口气的人，往往后来大多数被真的提升为军官。这是因为即使是模仿也有一种"成功相"，日积月累，水滴石穿，当这种"成功相"深深地烙印于人的心底，人自然而然就成功了。

"成功相"会愈积愈深，愈积愈牢，牢不可破。

詹姆斯·纳斯美瑟少校是高尔夫球爱好者，这位少校曾经在战俘营度过了7年。7年间，他被关在一个只有4尺半高、5尺长的笼子里。绝大部分时间他都被囚禁，看不到任何人，没有人跟他说话，更不可能有任何体能活动。

7年后他复出了，当他第一次踏上高尔夫球场时，他竟然打出了令人惊讶的74杆！比他以前打的平均成绩还好一些，而他已经7年没握杆了。这引起了很多人的好奇，纳斯美瑟少校的秘密何在？大家都想知道他是怎么做到的。

原来，这7年间，纳斯美瑟少校为了改变被囚禁时的郁闷心情，想出了一种特殊的排解方法。这个方法就是利用想象的力量。

他选择了自己最喜欢的高尔夫球，并坚持每天在心里"打"高尔夫球。每天，他在梦想中的高尔夫乡村俱乐部打18洞，他感觉自己的手握着球杆，练习各种推杆与挥杆的技巧。开始打球时，他想象球落在修整过的草坪上，跳了几下，滚到他所选择的特定点上，他为此感到很有成就感。打完18洞的时间和现实中一样，一个细节也不省略。他在想象中体验了一切，包括平时被忽略的细节。他想象自己穿着高尔夫球装，戴着太阳镜，呼吸着空气的芬芳和草的香气。他还体验了不同的天气状况——暖洋洋的春天、阴沉昏暗的冬天和阳光普照的夏日。这些想象让他陶醉，让他感到美好，甚至有点兴奋。

他的进步无疑得益于他所创造的"心像"法，还有他一直想象的美好事物。

有些人说当他们闭起眼睛想象什么东西时，就能看到十分清晰的形象；另一些人感到并没有真正见到什么东西，仅仅是想着或想象着自己正在注视这一形象或感觉到一种强有力的印象。我们其实都是在不断地运用我们的想象，不论你发现自己在什么想象过程中都是好的。

如果你依然感到无法肯定什么是创造性想象，读一读下面的练习，然后闭上你的眼睛试一试：

闭起你的眼睛深深放松。想着某个熟悉的房间，如你的卧室或起居室。记着其中某些熟悉的细节，如地毯的颜色，家具安置的样子，光线有多亮多暗。想象自己走进这个房间，在舒适的椅子、长沙发或床上坐下或躺下。

现在回忆你最近几天里有过的愉快经历，尤其是一件有着愉快身体感觉的经历，如享受一顿美餐、接受按摩、游泳等等。尽可能主动地记着这一经历，从这愉快的感觉中再一次得到享受。

现在想象你在某一理想的乡间，也许是在一条凉爽的河旁，在松软的草地上全身松弛或漫步走过一片动人的茂盛树林，这可以是你到过的一个地方或是一个想去的地方。想一想细节，用任何一种你愿意的方式来创造它。

不管是什么样的过程，让这些场景浮上你的脑海，都是你的"想象"之道。

心想才能事成，想象需要激发

当我们去想将要做的一件事时，用愉快和成功的心态来想象思考整个过程是必要的。如果你事先不去预想，做一件事情时你会匆忙而仓促——这会给你带来坏情绪，招来更糟糕的事。因此，每天最重要的事，就是去想象当天要做的每件事。

决定这一切的就是我们做事前的想象，它永远都在预先安排我们的生活——快乐的和痛苦的。如果你现在觉得心情一团糟，并抱怨"生活处处不顺心，喝口凉水也塞牙，老天在和我过不去"，你所抱怨的情形，一定会在你生命中体现出来。这时应该大声地对自己说："在每一方面，我都正在变得越来越好，处处顺心，心想事成。"直到心态转换到正面上来，用此方法来改变你糟糕的情绪。当你带着良好的心态，习惯于想象你生活中的每一件事，最后让冥想的力量帮助你去处理你将要做的事，整个事件就会一帆风顺，心想事成。

通过想象缓解压力

想象，就是通过想象各种不同的自己喜欢的情境来放松精神，舒缓压力，愉悦身心。例如，想象蔚蓝的天空、悠悠的白云、七彩的霞光、碧绿的草地、清澈的小河、一望无际的麦田、甘甜的泉水……这些想象，都能给人以温暖、悠闲、安宁和美好的感觉。我们完全可以利用想象的方式来调节情绪和放松精神。

想象对人的身心反应有不可忽视的作用，这种作用的积极方面可以保持心理健康。也就是说，在工作和生活中，遇到压力和矛盾时，不妨张开想象的翅膀，通过想象缓解压力、宣泄郁闷。例如，下班后你很疲惫，而家里的居住环境又让你感到心烦，这时你可以闭上眼睛想象"在蓝天白云下，自己躺在绿茵茵的草地上，小鸟唧唧喳喳的叫声像一首催眠曲"，在这种想象中你可以很快地放松，进入小憩状态。

事实上在想象中涉及两种不同的模式：一种是接受性的，另一种是主动性的。在接受性模式中，我们仅仅就是放松，让形象或印象来到我们的脑海，不去选择其中的细节。在主动性模式中，我们有意识地选择和创造我们希望看到的或想象的一切。这两种过程都是想象的重要组成部分。你的接受性和主动性能力都将通过练习得到加强。

例如，想着某种你喜欢的事物。可以是一个你愿意获得的物体，一件你愿意发生的事，一种你愿意看到的场景，或你希望能加以改善的生活境况。

选择一个舒适的姿势，或是坐着，或是躺着，在一个你不会受到打扰的地方。身体完全放松，从你的脚趾开始，一直到你的头顶，想着一步步地放松每一块肌肉，让所有的紧张从你的身体中流出。用你的腹部又深又长地呼吸。慢慢地从10数到1，每数一下都觉得更放松。

当你感到自己深深地放松了，开始想象那与你愿望中一模一样的事物。如果那是一样物件，就想象着你自己拥有那一物件，在使用它、赞美它、享受它，并把它展示给朋友们看；如果那是一个情景或事件，就想象着你正在其中，每一件事都像你希望的那样发生。你可以想象任何更真实的细节。

现在把这个念头或形象保持在你的头脑里，在内心对你自己做一些十分积极的、肯定的陈述。只要你觉得这一过程欢快有趣，就做下去，可以是五分钟也可以是半小时。每天都反复做，或尽你所能地经常去做。

夜间入眠前或早晨刚醒来时进行想象特别有效，因为此时头脑和身体已是深深放松的、容易接受的。你也许喜欢躺在床上进行想象，但如果你这样会睡着，最好还是坐在床上或椅子上，背要直、要挺。中午时分，稍做一段入静和想象，会使你放松且重新充满精力，使你在白天过得更舒畅。

下面介绍一种想象放松法来帮助你放松心情。想象放松法主要通过唤起宁静、轻松、舒适情景的想象和体验，来减少紧张、焦虑，引发注意力集中的状态，增强内心的愉悦感和自信心。

想象你在床上伸展全身。想象水泥柱制成的双腿过于沉重而陷进床垫里。把手和胳膊也想象成水泥的，它们也很沉重，给床造成重重的压力。想象一个朋友走进屋来，他抓住你的脚，想要抬起来，但是腿太重，他抬不起来。对于手、颈部等也可以进行这种想象练习。

想象你的身体是个大木偶。你的双手被线松松地系在手腕上，小臂被线松松地系在上臂上，上臂又同样系在肩膀上。你的双脚、小腿和大腿也由一根线连在一起。你的颈部是一根软线，控制你下颚和嘴唇的线放松，使下颚无力地耷拉在胸前。联系你身体各个部位的细线都又松又软，你的整个身体就这样松散在床上。

想象你的身体是由一系列充了气的橡皮气球组成。打开两脚底下的阀门，空气开始从双腿漏出。你的腿瘪了下去，最后像抽了气的橡皮管子一样瘫在床上。你胸部的一个阀门接着也被打开，空气开始泄漏，你整个躯干也同样瘪了下去，软绵绵地瘫在床上。

很多人发现，最能放松的一种练习就是回忆过去所体验到的轻松和愉快的情境。每个人在一生中总有某段时间感到轻松、安定、与世无争。从你的往事中挑选最轻松的图像，详细地追忆往日的景象。这幅图像可能是在山中湖边垂钓时的一片宁静的景色，那么，要特别注意环境中微小的细节。追忆水面上轻轻泛过的涟漪，想象你是否听到树叶的沙沙声。也许你回忆起很久以前坐在壁炉边，轻松悠闲，甚至有些倦意。木柴是不是噼噼啪啪地发出火光？还有其他什么景象？也许你追忆起在充满阳光的沙滩上的轻松景象，沙子摩擦着身体时你有什么感觉？你是否感觉到温暖的阳光像某种东西在身上抚过？是否有习习的微风？是否有成群结队的海鸥？你追忆起的细节越多，效果也就越好。

心中所想会在生命中体现

佛陀在两千多年前说："你现在所有的一切，都是过去心中所想的结果。"你现在的生活境况是你过去所想的结果。同样你现在的思想和感觉，会在将来的生活中体现。那么现在你拥有的一切，其实不是你现在拥有的，而是过去的你预先思考和行动的结果。

你心中所想的会在你的生命中体现出来。当你有所需要的想法越来越强烈时，精神吸引力必然会继续停留在你所需要的想法上。当你停在欠缺的那个想法上，会吸引更多的这种事物。当你感叹命运的不公平，那会吸引更多的不公平来到你身边。上述这些想法并不能给你带来任何益处，只有当你的思想在富足有余上徜徉，才会吸引更多财富。当你想象你是幸运之星，所有的好运都会来到你的身边，精神吸引力就会真的把幸运带到你的身边。

　　研究人员认为，人体是一种特别复杂的有机体，蕴藏着极大的心理潜能，一个人的能量、能力一般只开发利用了10～30％。想象训练能使人产生积极的心理变化，通过想象能显著地增强人的心理承受力，提高自信心，戒除不良习惯，产生良好的心理状态。

　　许多人都有自卑心理，对自我以及未来的目标信心不足。对这类人的训练，可以采用积极深化想象的一种重要形式——头脑预演，即在头脑中事先预演一下自己的成功目标、成功的情景以及在此之前应该做的事情，以得到一种有益的启示、兴奋的体验及向往的心态。比如你的目标是做一名成功的职业足球运动员，那么你就应经常地、有意识地想象一下自己破门后的兴奋镜头，捧杯后的喜悦场景，以及平时所付出的艰辛努力。这种想象可使自己深入想象的情景内，使自己处于一种成功的积极的精神状态之中，从而有助于加快达到奋斗的目标的速度。

　　想象的力量有时超过意志的力量。用想象的方法来对付焦虑情绪引起的心理压力，是很有效果的。想象训练的特点是，通过在想象中对使自己感到紧张、焦虑的情景和事件的预演，加强自己的积极反应，抑制消极反应，从而当那种真实情境出现时，也能控制好自己的心理和行为。成功想象训练，更适用于应试心理正常或经过脱敏想象训练后考试焦虑基本消除的学生，可以帮助他们充分自如地发挥自己的水平，达到最佳状态，考出最好成绩。

　　训练方法如下：

　　第一步：进入放松状态。先使身体完全松弛，身体无紧张的部位，要达到完全放松。

　　第二步：想象训练。

　　想象自己将要进行一场考试。按照考试的程序，从你精神饱满地进入考场开始，到进入座位、做好准备工作、监考人员宣布注意事项、发卷、领卷、做题等，默诵你复习好的内容纲要，记得的公式、定理、定律、图解或某一典型习题的解题思路等，要确保解题的正确性。只想象自己轻松解题的大致过程或遇到难题后经过一番思索终于把它解开的过程，也可不涉及具体试题。

如果发现自己出现了紧张感，便停止想象，将注意力集中于呼吸，重新进行放松。当完全放松后，再次想象刚才的情景并体会轻松感。

上面的情景重复想象两次，而且保证不出现紧张感。

想象自己考试获得圆满成功的心花怒放、欢快激动的场面和心情，体会其中的成功感。

注意力重新转向自己的呼吸并放松，结束想象训练。

注意：每次想象训练的时间不要过长，一般在20～30分钟即可。

晚上睡觉时，用冥想去过滤一天所有的你不想要的事物，然后用你满意的方式，重新再造这些事件。这也是一种调整心态的有效启示，让我们的思想总是停留在那些所希望出现的事物上，通过重复和调整而形成内化的过程，然后在生活习惯中展现出来。既清理你今天的负面情绪，又阻止坏情绪延续到明天。

自我意象决定着成就大小

自我意象理论是美国著名的整形外科医生和生理学家马克斯威尔·马尔兹发现的。马克斯威尔·马尔兹使很多人重新塑造了自己的容貌。他发现一些人通过整容、改变面容而改变了个性，由自卑变得自信、自尊、自强，好像换了一个人。然而，也有很多人经过精心的整容之后，明明比以前变得漂亮多了，但他们仍然整天自惭形秽，非常自卑。马克斯威尔通过观察、对比、分析这两方面的事实，得出了这样的结论：

　　肉体形象、外在形象的改变，并不是改变个性的真正关键，真正的关键在于个人心理上和精神上的自我形象和观念，也就是自我意象。

　　自我意象说白了就是你认为自己是怎样一种人。例如，你认为自己的能力如何、相貌如何，你认为你在别人心目中是何种形象等。自我意象与现实的自我往往并不相符，有的人高估自己，有的人低估自己。然而，它一旦形成，就会像真的一样，人们很少去怀疑它是否可靠，只会根据它去行动。它支配、影响着人的一切行为、举止、感情、能力。

　　自我意象决定着我们的整个个性和行为，因此，它决定着我们的潜能开发的程度，决定着我们成就的大小！

　　日本经营之圣稻盛和夫说："信心是处于心念世界中的命运雏形，而在这个世界上发生的所有事情都是来自于这个雏形之中。"

　　哈佛大学著名行为策划学家皮鲁克斯也有一段类似的论述：

　　"认识自己、依靠自己、相信自己，这是独立个性的一个重要成分，所有的伟大人物，所有那些在世界历史上留下名声的伟人，都拥有一个共同的特征，那就是拥有正确认识、依靠、相信自己的观念世界。一句话，认识自己的人，必须要有自信与自尊，才能感觉到自己的能力。其作用是其他任何东西都无法替代的。而那些软弱无力、犹豫不决、凡事总是指望别人的人，正如莎士比亚所说，他们体会不到也永远不能体会到，自立者身上焕发出的那种荣光，因为认识自己的目的就是自信和自立。"

　　那么，这种"信"的力量其心理基础是什么呢？皮鲁克斯还有这样一段精辟的论述。他说：

　　"在人的表面之下，还有一个自我心像存在。这个抽象的自我心像，是你心灵的真正面目，规划着你的生活。它与你的心灵连为一体，使你无法逃离。不管你是否了解，它始终控制了你的生命，你的一切作为都得听从它的命令。它是心灵的跳动、内心的时钟，能否剔除快乐或哀伤的时光，全看你是否了解它。假如你想利用往日成功的优点，你必须将信心、勇气和自信运用于目前的工作，这样才能改变或增进你的自我心像，内心的陌生人才会变成你最好的朋友，并且鼓励你迈向尊贵与充实之路。"

"自我心像"是你认识自己的起点之一。记住最重要的一点，这个陌生人并不控制你，而是由你控制"他"。能够使"他"具有创造力，你就能从有限的生命中，获得更充实的生命。

开发心像能力所必需的条件可以归纳为以下几点：

· 任何人的大脑都具有清晰产生心像的能力。

· 不要去想自己能不能看到心像，正是这种念头使自己不能看到心像的出现。

· 为了看到心像的出现，进行心理成功的想象训练（想象自己看到了心像）。

所谓心理成功，就是在内心想象自己已经成功达到了自己的目标，这是很重要的方法。

想象训练可以轻松地边听录音边进行。一边听录音一边进行冥想、呼吸、想象，听觉容易集中于诱导者的声音。

"现在你处于非常放松的状态。右脑系统已经开启，进入了和平时不同的意识状态。在这种状态下可以很轻松地进行学习。在你体内有另一个人存在，他就是能够轻松自如地学习的自己。"在听到诱导者声音的同时，你必须想象自己已经处于这种状态，这是极为重要的。想象必须靠自己进行。

初中生、高中生进行想象训练，想象自己考试能够得到100分，结果真的可能取得100分。在大脑中进行清晰的想象，具有使想象成为真实的特性。

　　通过心理成功的想象训练能够获得实际的成功。运用这条心理法则，谁都能看到大脑中出现的心像。我们进行心像训练，其实只要想象自己能够看到心像出现就可以了。

　　这种方法被称为"描绘心理成功的图像"。能够清晰地看到出现在自己大脑中的心像的第一条件，就是想象自己获得了成功，即描绘心理成功的图像。

自我想象去洗净自卑

　　许多人之所以陷入卑怯中，往往是内心深处无法确立充满自信的"自我"，不能从"我"的立场自在地调度观念事实，是一种心态的内弱病症。为此可用想象训练进行自我扩张，暂时切断内心与外界的联系，暂时洗净一切外在的标准和旧有自卑心理的痕迹，凝神一点，渐渐使全身心只有一个自信，甚至是目空一切的"我"。

　　明治年间，日本有一位相扑手大波。起初，大波虽然体健技精，私下较量无敌手，但每逢公开登台时，他却笨拙得连徒弟也可以将他击败。大波很苦恼，只好去请教名禅师白隐。白隐道："你的名字叫大波，那么，今晚你就在这个庙中过夜吧。想象你就是那种巨大的波涛，不是一个怯场的相扑手，而是那横扫一切、吞噬一切的巨浪。"夜晚，大波开始坐禅，尝试将自己想象成巨浪。起初，思绪如潮，杂念纷纷。不久，他心里有了较为纯一的波浪涌动感，夜愈深而浪愈大，浪卷走了瓶中的花、佛堂中的佛像……黎明前夕，只见海潮腾涌，庙也不见了。天明以后，大波充满自信地站了起来。从这一天起，他成了全日本战无不胜的相扑大师。

　　大凡人的自卑拘谨，多源于对外界实际反馈的担心，或是被与任务无关的纷纷思绪占据心胸。若能运用想象训练暂时切断外界联系，滤除杂念，让出了心理空间，"自信"必然乘隙扩展而占据空白，"自信"经扶持而渐渐强大后，人也就不会陷入自卑和羞怯了。类似大波那样的想象训练的内容主要有：海潮、人潮、大风、大火、高山、领袖等。要想摒除自己的一些不良习惯，最好能运用一些积极的引导力量来进行。

确立充满自信的"自我"想象有四个基本步骤：

（1）确定你的目标

选定你想拥有的某样事物，努力为之工作或创造。那可能是任何一个层次上的一种职业、一幢房子、一种关系，你自己身上的一种变化，无论是什么。

最初要选择对你来说是相当容易实现的目标。如此你不用太费力地对付你身上的否定性抵抗力，能最大程度地扩展成功的感觉。以后，当你有了更多练习时，你可以去处理更困难或更具挑战性的问题。

（2）创造一个清晰的念头或图像

按你所需要的那样，创造一个事物或场景的念头或内心图像；你要用现在时态完全按你所希望的方式来想象，能包括多少细节就包括多少细节。

你也许还希望得出一幅真实物质上的图像，例如绘一张珍宝图(下面将详谈这一点)，这是一个选择性的步骤，并非必不可少，但常常有用(而且有趣)。

（3）经常集中精力去想象它

经常使你的念头或内心图像浮上脑海，既在安静的冥想时刻，也随意在白天某个时刻。这样，它成了你生活的一个组成部分，成了一个真实存在，而你也将更成功地将它投射出去。

清晰地集中思想，但又在一种轻松随意的方式中，重要的是不要感到是在努力谋取，投入了过分能量将会造成阻碍而不是帮助。

（4）给它积极的能量

当你全神贯注于你的目的时，用一种积极的鼓励方式来想它，向你自己做出强有力的积极的叙述：它存在着，它已来临了，或正在来临。想象着你正在接受或获得它。这些积极的陈述称为"肯定"。当你进行肯定时，试着暂时中止你可能会有的任何怀疑或不信任。继续这样想象，直到你达到目的为止，或再没有这样做的愿望时。

当你达到一个目的时，一定要有意识地承认那已经完成了。常常地，我们获得了想象着的事物，却没有注意到我们已成功了！因此给自己一些赞叹，一定要谢谢上苍，因为你的愿望实现了。

正面思考和视觉化想象

想象的力量是内外两种力量的融合，因此，想象不仅是意识中意志力量的克星，同时又是潜意识的直接领导，人们每天的想法和行为大多是遵循着想象的引领。所以，世界上伟大的精神导师们普遍运用这一方法："视觉化"。就是将心中想要的事物，在思想中形成清晰的图像，并且感觉现在已经拥有了它。

科学家经过研究发现，想象可以刺激大脑中的神经电路，这些电路与你真实看到某一物体时所受刺激的电路是一样的。例如你在心中想象一把竖琴，大脑中的视觉皮层就会受到刺激，就像你真正看到这把竖琴时受到的刺激一样。如果视觉想象可以刺激大脑的视觉皮层，那么可不可以进一步假设想象运动过程，也同样可以刺激大脑的运动皮层呢？哈佛大学的斯蒂芬·科斯林教授在这一方面进行了研究，并初步证实了这一推测。他让一组试验对象想象收缩和放松自己的右手食指肌肉，每天进行几分钟这样的练习，四个星期后，测量结果发现这个手指的力量增加了20％。进一步研究发现，其实手指的肌肉并没有发生任何变化，但是大脑中控制肌肉的神经电路得到了加强。

另外两项研究也证实了科斯林教授的假设。波士顿的研究人员将一个音乐班的学生分成两组，一组进行钢琴指法练习，另一组只是想象这种练习。过了一段时间对两组学生的大脑进行扫描，结果发现他们大脑中负责指挥手指运动的区域都有所增大，而且对手指控制的精确性也有提高。伦敦的神经学家也发现，那些想象操纵游戏机手柄的人受到刺激的大脑部位和那些真正操纵游戏机手柄的人是相同的。

想要事物的画面要具体清晰到每一个细微之处。并根据这个画面中的内容，来进行视觉化练习，你就会发现潜意识不会去思考你是真的在做还是进行视觉化运作，它会记录下来并去运作。你在心中想达成的结果会在你的生活中真实地到达。"视觉化"练习不仅仅是个内化的过程，还是获得精神吸引力支持的钥匙。当你视觉化时，在内心里创造你想要的画面时，最好只思考"结果"就好。想象你已经拥有的具体影像和画面，保持在这种画面上，如果你想象想要房子的画面，你要具体到房子外面的形状和颜色，房间里客厅布局的样子，甚至躺在床上惬意地听音乐，然后去感觉到真的已经拥有它并住在里面了。

你心中想象的景象要完整，有动态的动作、静态的画面，有远近的层次感，你要保持影像画面清晰，内容要丰富。这些想象对以后的行动或者思考至关重要。如美国的"阿波罗计划"就曾使用视觉化方法来训练宇航员，现在奥运选手经常用到这个方法来练习，让他们在内心里进行操作或比赛练习，想象成真的在太空或赛道上一样，内心里是整个画面的详细过程，这些视觉化练习对他们的实际运作帮助很大。

美国奥林匹克委员会运动心理顾问彼得·哈伯尔说："运动员的心理

训练就是为了不断刺激他们大脑中控制某项运动的神经，从而使这种'神经—运动'联系得到强化并固定下来，使他们在赛场上的表现发挥到最佳。"

心理训练可以大大缩短运动员大脑在紧张激烈的比赛中做出正确决定的时间，从而抢占先机，奠定获胜的基础。26岁的林肯·麦克拉维是美国69公斤级最好的摔跤手，他经常在脑海中模拟比赛的片断，所以在比赛中他能够不假思索地做出反应，就像"下意识"一样。

你不要以为心理训练很轻松，它一样可以使你筋疲力尽。美国跳水运动员米歇尔·戴维森对此深有体会。每天晚饭后她都会在漫步时进行"头脑训练""反复想象我最完美的一跳……半个小时后我会感到很疲劳，就像上了一节训练课一样"。

这说明心理训练有一个十分关键的因素，那就是精神高度集中。心理训练要想取得预期效果，这一点必不可少。科学研究发现，受过训练的大脑可以增强或减弱特定神经键的联系，所以训练有素的运动员在比赛中可以增强运动兴奋点，而对外界干扰无动于衷。举重运动员塔拉·诺特就能很好地做到这一点："出场时我把一切都抛到了脑后，站在那里闭上眼睛，深吸一口气，看不到眼前的任何东西，我能听到有人喊'塔拉，加油'，但声音听起来既遥远又模糊。"心理学家认为，运动员感受不到观众以及现场的声音，大脑就能把更多的能量集中到比赛上。

世界上那些伟大的发明家发明出来的东西，都是先来自于发明者心中的意象，他们首先会在内心清楚地看到画面，并将定格的画面持续地想象……那些伟大发明就这样诞生了，是他们的信心与想象的力量，成为人类科技进步的起因，并服务于地球上的人类。

把肯定作为想象的一部分

肯定是想象的最重要的成分之一。肯定意味着"使之坚定"，是关于某种事物已经如此有力、积极的叙述，这是一种使得你正在想象的事物得以确定的方式。

进行肯定的练习，让我们能够用一些更积极的思想来替代我们过去陈旧的、否定的思维模式。肯定是一种强有力的技巧，一种能在短时间改变我们对生活态度和期望的技巧，它能全盘改变我们为自己所创造出的一切。

肯定可以默不作声地进行，也可以大声说出来，可以在纸上写下，甚至可以歌唱或吟诵。一天只要有十分钟有效的肯定练习，就能抵消我们许多年的思想习惯，自然你就能超越自己。选择积极的语言和概念，你就会创造出一个积极的现实来。

肯定可以是任何积极的叙述，它可以是很普通的或者很特殊的。能做的肯定在数量上是无限的，这里是几个给你启发的例子：

> 每天我在每一方面都越来越好、越来越好、越来越好。
>
> 每一样东西都是轻松容易地来到了我的身边。
>
> 我是个辉煌的存在，充满了光明和仁爱。
>
> 我是有天赋的。
>
> 我的生命正在怒放，一片灿烂。
>
> 我有着此时此地所需要享用的一切。
>
> 我是我生命的主人。
>
> 我需要的一切已经在我身内了。

我的心中又完美又充实。

我热爱并欣赏现在的我。

我把我所有的感情都作为自己的一部分来接受。

我爱我爱的人，也为人所爱。

我越爱自己，就越有更多的爱给别人。

我现在自由自在地给予爱并接受爱。

在我的生活中拥有令人满意的人际关系。

我与……的关系每天都在越来越好，越来越完满。

我现在有一个完美的、满意的、报酬很高的职业。

我热爱我的工作，我的报酬丰厚，能发挥自己的创造性。

我是创造性能量的一个敞开的渠道。

充满活力是我的自我表现。

我总是清晰地、有效地表达自己。

我现在有足够的时间、能力、智慧和金钱去实现我所有的愿望。

我总是在合适的时间、合适的地方，成功地从事合适的活动。

我要获得我需要的一切是那么容易。

这是一个丰裕的世界，对我们所有的人来说都是足够的。

我自然的存在状态是多么丰富多彩！

无穷的财富正源源流入我的生活。

我越多给予，越多得利，越感到幸福。

我放松了，思想集中，我对每一件事都有足够的时间。

我现在从自己做的每一件事中得到乐趣！

活着，我感到无比幸福。

我身体健康，充满活力。

我敞开胸怀接受这丰裕世界的所有幸福。

所有的因素都一起在为我生活中的美好之处工作。

我现在认识接受并跟随我生活的神奇安排，随着这种安排一步步展开自我。

关于"自我肯定"，这里有些重要的事要记住。

始终要在你所能及的最积极方式中来进行你的肯定。肯定你所需要的，而不是你所不需要的。不要说"我再也不在早晨睡过头了"，而是要说"我现在每天早晨都按时醒来，充满活力"。这就保证了你在创造着最积极的思想形象。

在某些时候，你也许会觉得否定性地进行肯定是有助的，尤其是当你努力消除情绪障碍或坏习惯时，例如，"为了使目的得到实现，我不需要变得紧张"。

始终选择那些你感到完全合适的肯定。对一个人有效的肯定，对另一个人也许压根无效，一番肯定应该带给你积极、扩张、自在或是支撑性的感受，如果不是那样，就试另外一种，直到感觉合适为止。

当你最初进行肯定时，你可能会感到情感上的抗力，尤其是那种对你真正有力，并将在你的意识中造成真正变化的肯定，更是如此。这是自我对变化和成长的最初的抗力。

在进行肯定时，努力创造出一种它们可能是真经验的感觉，把你全部的思想和情感投入肯定中去。

肯定可以单独运用，也可以结合着想象一起运用，你应该始终把肯定作为你经常想象的一部分。

第三章

冥想中级修习：暗示与催眠

人最大的力量就是自我暗示

心理暗示，在我们的日常生活中，是随时随地都可以看到的。比如在开会时，当一个人打呵欠，许多人就会跟着打呵欠；对演员的精彩表演，只要有一个人带头鼓掌，就会有很多人跟着鼓掌，这也是相互暗示的结果。以上说的，是他人暗示的影响，至于自我暗示，效果也相当明显。比如，当有事必须在第二天清晨五点钟起床，则往往不需要闹钟，到五点钟的时候自己就会醒来，其原因就是由于前一天晚上在有意和无意中对自己做了强烈的暗示："明天早晨有重要工作，必须五点醒来！"

生活中也有这样的情况：到超市买东西，回到家一清点，发现有一些是可买可不买的，连自己都不知道为何会买这些小东西；我们本来对某个人没有什么印象，等过了一段时间后却觉得他面目可憎；早晨到了办公室，本来精力充沛，心情愉快，过了一会儿却变得烦躁不安。

这些都是我们日常生活中常见的现象，我们经常会对此感到莫名其妙，但是从心理学角度来看，一点也不奇怪。因为你受到了周围环境的暗示，不知不觉就产生了与之相应的行为与心情。

一个人最大的力量，往往是从内心产生的自我暗示。消极的自我暗示，可能将人带向死亡；而积极的自我暗示，则使人自励自信，走向成功。无论是正确的心理暗示还是错误的心理暗示，都具有无形的巨大力量。

暗示能使我们精神积极向上

你是否还有过这样的经历：本来穿了一件自认为很漂亮的衣服去上班，结果好几个同事都说不好看。当第一个同事说的时候，你可能还觉得只是她的个人看法，但是说的人多了，你就慢慢开始怀疑自己的判断力和审美眼光了。下班后，你回家做的第一件事情就是把衣服换下来，并且决定再也不穿它了。

原来，这都是心理暗示在"作怪"。心理暗示是人们日常生活中常见的心理现象。所谓暗示，指人或环境以不明显的方式向个体发出某种信息，个体无意中受到这些信息的影响，并做出相应反应的心理现象。从心理机制上讲，它是一种被主观意愿肯定的假设，不一定有根据，但由于主观上已肯定了它的存在，心理上便竭力趋向于这个假设。

暗示分自暗示与他暗示两种。自暗示是指自己接受某种观念，对自己的心理施加某种影响，使情绪与意志发生作用。例如有的人习惯于早晨在上班前或出去办事前照照镜子、整整衣服、理理头发。当从镜子里看到自己脸色不太好看，并且觉得上眼睑浮肿，恰巧昨晚睡眠又不好，这时马上就有不快的感觉，怀疑自己是否得了病，继而觉得自己全身无力、腰痛，于是觉得自己不能上班了，甚至要到医院就诊。这就是对健康不利的消极自我暗示作用。而有的人则不是这样。当在镜子里看到自己脸色不好，由于睡眠不好而精神有些不振、眼圈发黑时，马上用理智控制自己的紧张情绪，并且暗示自己：到户外活动活动，做做操，练练太极拳，呼吸一下新鲜空气就会好的。于是精神振作起来，高高兴兴去工作了。这种积极的自我暗示，有利于身心健康。

而他暗示，是指个体与他人交往中产生的一种心理现象，是别人使自己的情绪和意志发生变化。一位大学教授曾在讲台上拿一玻璃瓶对学生说："瓶子里是有异味的气体，现在要测这种气体在空气中的传播速度，等打开瓶盖后，谁闻到这种异味，请举手。"教授打开瓶盖，自己很快露出闻到异味的表情，随即看表计时，前排同学15秒后举起了手，四分之三同学一分钟后举起了手……其实玻璃瓶里只是普通的空气，其他什么也没有。

这就是他暗示在起作用，通过对他人心理形成暗示，可以达到改造人的思想和行为的效果。实现暗示的效果需要具备以下几个条件：

第一是暗示者的特性。反应者是按照暗示者的特性、暗示性和自己之间的心理上的距离的大小和质量表现出不同种类、不同程度的暗示反应。第二是暗示刺激虽然给予的是一部分刺激(部分刺激)，或者代替本来刺激的刺激(代理刺激)，而反应者在任何情况下却都表现出作为全部刺激或者是本来刺激下的所有反应。第三是非合理性暗示刺激是在情绪高昂的气氛中，让他人在注意力转移，忽略了判断的状态下产生作用，它尽量不让反应者做出明确合理的判断与分析。

心理暗示能左右我们的心情。皮格马利翁效应，其实体现的就是暗示的力量。人们会不自觉地接受自己所喜欢、钦佩、信任或者崇拜的人的影响和暗示。

现实中，人们为了追求成功和逃避痛苦，会不自觉地使用各种暗示的方法。比如困难临头时，人们会相互安慰："快过去了，快过去了。"从而减少忍耐的痛苦。人们在追求成功时，会设想目标实现时非常美好、激动人心的情景。这个美景就对人构成一种暗示，它为人们提供动力，提高挫折忍受能力，保持积极向上的精神状态。

暗示可以影响人的生理和心理

一位心理学家想知道心态对行为会产生什么样的影响，就做了如下的试验：他让十个人穿过一间黑暗的房子，在他的引导下，这十个人都成功地穿了过去。然后，心理学家打开房内的一盏灯，在昏黄的灯光下，这些人看清了房子内的一切，都惊出一身冷汗。这间房子的地面是一个大水池，水池里有十几条大鳄鱼，水池上方搭着一座窄窄的小木桥，刚才他们就是从小木桥上走过去的。心理学家问："现在，你们当中还有谁愿意再次穿过这间房子呢？"没有人回答。

过了很久，有三个人站了出来，其中一个小心翼翼地过去，速度比第一次慢了许多倍；另一个颤巍巍地踏上小木桥，走到一半时，竟趴在小桥上爬了过去；第三个刚走几步就一下子趴下了，再也不敢向前移动半步。

心理学家又打开房内的另外九盏灯，灯光把房里照得如同白昼，这时，人们看见小木桥下方装有一张安全网，由于网线颜色极浅，他们刚才根本没有看见。"你们谁愿意现在通过这座小桥呢？"心理学家问道。这次又有五个人站了出来。"你们为何不愿意呢？"心理学家问剩下的两个人。"这张安全网牢固吗？"这两个人异口同声地反问道。

很多时候，成功就像通过这座小木桥，失败的原因恐怕不是力量薄弱智能低下，而是周围环境的威慑——面对险境，很多人早就失去了平静的心态，慌了手脚，乱了方寸。

这就是暗示的力量，它可以影响一个人的生理和心理状态，这样类似的现象在生活中屡见不鲜。譬如早上起来，你发现自己的脸色灰暗，一天都开心不起来；如果发现自己脸肿，你就会怀疑肾脏有问题，然后就会觉得腰痛。国外一些医生有一种"内视想象疗法"，就是诱导病人想象自己身体中的癌细胞一点点地消失，还有的就是把树立战胜疾病的信心作为一个必备的条件，这些治疗方法对发挥药物的最大功效十分有帮助。

一位著名的运动员在获得奥运会金牌后说："奥林匹克竞赛，对运动员来说，20％是身体的竞争，80％是心理的挑战。"他的话是极有道理的。由于高水平的激烈竞赛，给人带来紧张感和精神压力，这种精神上的紧张和压力又使人的生理发生变化，如动作不协调，肌肉和关节僵硬、不灵活，呼吸急促，心跳加速等。如果善于通过心理暗示来进行自我放松，调整机体内部心理状态，使之达到最佳竞技状态，就能使自己正常发挥，甚至超水平发挥。

一个年轻人曾经说过这样的经历："面对一件事，一旦我的感觉告诉我这件事很困难，我就会想到放弃，不知道是不是害怕失败；但放弃后，再回味时就感觉比失败还难受。"其实，这就是心理暗示的结果。这位年轻人给自己实施的是负面的消极的心理暗示。所以，当你想要打退堂鼓的时候，不妨挺起腰板，对自己说"我可以做得很好"。

心理学家告诉我们：成功与否，全看你"心之所向"。给大脑正面的刺激——即"良性的心理暗示"，大脑就会活跃起来，产生连自己也意想不到的力量。成功的美国企业家，大多都不时地给自己良好的心理暗示——我的运气绝对是好的，我一定会成功的。自以为运气不好的人，往往因为这种定位给自己带来负面的影响，即自以为"运气不好"的心态本身，使得自己的运气更趋恶化。换句话说，好运、成功不会不招自来的。

所以做任何事之前，都要确信自己一定能成功，并有意识地找些事情来做，失败了就想"下次一定能成功"；成功了就对自己说："看，我多棒，再接再厉，下次一定会更好！"悲观的人，在每一个机会中，都看到某种忧患；乐观的人，在每一次忧患中，都能看到一个机会。

心理暗示的作用是强大的，有时它会使人绝处逢生，有时又会使人功败垂成。莎士比亚说过："一个人往往因为遇事畏缩的缘故而失去了成功的机会，畏缩的原因就在于存在着不良的心理暗示。"因此，我们应该有意识地训练自己进行积极的心理暗示的能力，注意控制并消除一些消极的心理暗示。积极的暗示，就是在困境中，自己对自己说"我能行"，对自己说"我能做好"，对自己说"我要快乐地生活和奋斗"。总之，我们应该学会把振奋人心的口号喊给自己！在人生的长河中，让我们不断地给自己充气和加油吧，成功一定会降临到坚信成功脚踏实地的人头上。

暗示是一种心理治疗方法

有心理学家认为，暗示是操纵潜意识的最佳途径之一，几乎每个人都或多或少地有受暗示感应性。很多心理学家都通过不同的心理试验证明了暗示性的作用。其中有一个试验是这样的：将接受试验的被试者分为两组，给其中一组服用实验中的新药，而另一组被试者服用一粒糖丸，但却告诉他们刚服下的是某种药物。之后，测他们的身体反应，结果发现，有很大一部分服糖丸的人出现了和药物组被试者同样的反应。

科学家做过这样一个试验。在一段时间内，每天都选择一个固定的时间为一个人施加某种疼痛感，通过吗啡控制疼痛的程度，最后几天再把吗啡改成味道相同的安慰剂。你猜怎样？安慰剂同样具有镇痛效果。

这就是安慰剂效应，在某种情况下因为某种原因，某些根本不具任何作用的东西却发挥了非常强大的功能。而且，如果这种东西本身具有一定作用的话，其神奇作用反而完全消失。当意大利都灵大学的法布利齐奥·贝内德蒂进行上述实验时，他在安慰剂中增加使用了一种名为纳洛酮的药物，它可以缓解吗啡的麻醉作用，结果出乎大家意料，安慰剂的镇痛功能完全消失了。

那么，到底发生了什么呢？医生们几十年前就知道了这是"安慰剂效应"发生了作用，而这个效应的实质，就是心理暗示。

在现实生活中，"安慰剂效应"随处可见。几个很少接触乡村环境的城里人到野外郊游，到达山腰时，他们为眼前清澈的泉水、碧绿的草地和迷人的风景所深深吸引。休息时，其中一人很高兴地接过同伴递过来的水壶喝了一口水，情不自禁地感叹道：山里的水真甜，城里的水跟这儿真是没法比。水壶的主人听罢笑了起来，他说，壶里的水是城市里最普通的水，是出发前从家里的自来水管接的。这种现象说明，我们在对现实进行分析的时候，很明显地掺杂了很多个人因素，包括我们的期望、经验和信念等。

美国有研究表明，从事体力劳动或体育锻炼的人，如果自认为锻炼效果良好，那么他们的实际锻炼效果就可能比其他人更好一些。试验结果支持体育锻炼中存在安慰剂效应的理论。

安慰剂效应是指即便患者服用的是无效的假药片，如果医生告诉他这是有效药物，患者的生理健康状况也可能在"安慰剂"引发的心理作用下得到改善。

德国汉堡大学研究人员最近公布的一项试验结果显示：心理暗示在有时甚至可发挥和药物一样的作用。德国科学家表示，当病人期望一种疗法有效时，控制疼痛的大脑区域就会变得活跃，而导致一种名为内啡肽的止痛物质的分泌，从而对患者起到作用。

通过暗示改善病人的心理、行为以及机体的生理机能，成为治疗疾病的一种有效方法，即暗示疗法。暗示疗法可在催眠状态下进行，也可在清醒状态下进行。由于催眠状态下的暗示疗法必须由受过专门训练的医生施行，过程复杂，比较少用。而清醒状态下的暗示治疗无需催眠，方法简便，较常采用。如有一位妇女因丈夫突然在车祸中死亡，精神上受到强烈的刺激，悲痛得双目失明。但经医生检查，眼睛的结构没有病变，诊断为心理性失明，用许多方法都没治好。后来进行催眠治疗，催眠师暗示她视力已经恢复，对她说："我数五个数，数到第五个时，你醒来就能看见东西了。"催眠师很慢地数一、二、三、四、五，果真数到五的时候，病人醒来，发现自己的视力已完全恢复。

暗示作为一种心理治疗方法，在临床治疗中被广泛应用。医生和家属应善用积极的暗示作用，多鼓励病人，使之树立战胜疾病的信心，以利病情痊愈，病体康复。

暗示对身体健康有重大影响

心理暗示，对身体健康有重大影响。一般来讲，一个人如果经常暗示自己："多想开心事，不想烦恼事，要笑对人生。"那么他的精神一定很好，身体也会健康。如果总是暗示自己："人际关系不好处，尽量少出门；生活太艰难，活着没意思。"这样，他就会整天愁眉苦脸，情绪低落，没有心思做任何事情，这样身体也会很快垮下来。在遇到不顺心的事时，如果暗示自己，要沉住气，不要生气，不要激动，向困难和矛盾做斗争是人格高尚的表现，急躁没有用，怕没有用，自己不要往"死胡同"里钻，那是最没出息的行为等，这样心情就能平静。否则就会想不通，生闷气，发无名火，不但问题解决不了，还会把心情搞得乱糟糟，坐立不安，六神无主，直接损害身体健康。

在对待疾病治疗和康复的问题上，如果用积极的态度进行暗示，多想自己的病情已经好转，症状减轻，疼痛已被止住，以后会很快痊愈……这样就会真的减少痛苦，加快康复的进程。如果总是暗示自己："我的病很严重，已经治不好了，活着自己受罪，还拖累家人，真不如早点离开人世……"这样无论有多么好的医疗条件，也很难把病治好。在对睡眠好与坏的问题上，不同的暗示也有不同的结果。如果睡觉时暗示自己"我现在心情很好，无忧无虑，很快就能入睡，已经很困了，两眼睁不开了"，这样就能很快进入梦乡。如果暗示自己"白天工作太累了，浑身酸痛乏力，怕是睡不好觉了"，这样就会很难入睡。因此，积极心理暗示和消极心理暗示对健康的影响是大不一样的。

一个人的健康状况如何，跟他的心理状态有很大关系。因此，只有积极发挥心理暗示的作用，才能自己做好自己的心理平衡调节工作，使身体永葆健康。

为什么心理暗示具有那么大的力量？原因何在？对于这些问题，在科学不发达的年代，人们是无法理解的。随着科技的发展，一些生理学家和心理学家对此做了系统的研究，得出了心理支配生理的结论。

（1）心理意念活动引起躯体意向性运动

有人曾设计这样一个试验，依据小孩用跷跷板的原理装置一块木板，让一个人躺在上面做试验，使木板平衡。然后叫参与试验的人想象自己骑在自行车上，并使劲用脚"蹬"那自行车的脚蹬子(实际上并没有动)。这样不断地自我暗示(即想象意念活动——快骑快跑)自己就好像真的在骑自行车了。结果木板靠脚的一端开始下降，从而破坏了平衡状态。为什么会出现这种情况呢？研究证实，这是由于心理暗示用脚蹬自行车的意念活动，引起了下肢的意向性运动，使下肢血管扩张造成的。

（2）心理自绝造成死亡

我们在相识的人中，常见这样的事例：某人能正常地过家庭生活和社会生活，正常地工作、学习和娱乐。在偶感不舒服后去看病，经医生检查发现了癌症，这下子心情可紧张了，回家就卧床不起，身体很快衰竭。住院治疗也不见效果，不久就死去了，真可谓确诊成了"死亡通知书"。这里有心理恐惧、过度忧郁和对癌症过分夸大其辞的宣传对心理的不良影响，与患了"不治之症"的心理暗示有必然的联系。心理上的自绝，产生全身性生理紊乱，降低了对疾病的抵抗力，加速了疾病恶化的进程。这就是恐惧的心理暗示导致病情恶化的简单道理。

（3）积极和消极心理暗示对生理的不同影响

大量的观察和试验都证明，积极的心理暗示和消极的心理暗示，对生理的影响是不同的。积极的心理暗示能增进和改善人的心理、行为以及机体的生理机能，使血液流通和新陈代谢加快，有利于健康；消极心理暗示能扰乱人的心理、行为以及人体的生理机能，影响躯体内分泌的正常活动，出现唾液和胃液分泌减少，消化能力降低，呼吸加快，气短，血压升高，脉搏加快，血液中糖分大量增加。所有这些，就会产生浑身没劲的感觉。因此，从有利健康、有利工作和生活的角度出发，一定要大力提倡积极的心理暗示。

暗示是一种有效的情绪控制办法

随着人们对潜意识的研究，潜意识对情绪的影响也越来越被心理学家重视，利用潜意识来调控自己的情绪，也成为一种卓有成效的情绪控制办法。

潜意识的力量已经被人们所接受，比如明天要参加一个重要会议，你告诉自己明天早上要早点醒来，千万别迟到。第二天早上，闹钟还没响呢，你已经醒来了。在这之前，你向来可以一觉睡到大天亮的。这就是"千万别迟到"这种念头在无意中起了暗示作用，然后通过自律神经系统来控制你的睡眠时间。这种现象反复强化，就能建立起一种条件反射，通过身体的反应自由地控制你的睡眠和苏醒。

美国一位大学教授曾经非常沮丧地对心理医生说："我一生中的每一件事情，都乱七八糟的。我失去了健康、财富和朋友。每一件事情一旦碰到我，就一定会出毛病。"

心理医生耐心地对他说："首先，在你的心中，应该建立一个大前提，那就是你的潜意识的无限智慧会引导、指引你，让你在精神和心智以及物质各个方面，都朝着美好的方向发展。然后，你积极的心态就会自动在你投资、健康等各个方面给予你睿智的指导，让你恢复心灵的平和与宁静。"

而这位大学教授接受了心理医生的建议，开始对自己的生活前景重新进行规划。他在日记中这样写道："潜意识会给予我无限的智慧，让我拥有完美的健康和富足的生活。正确行动的原则和潜意识的力量，将改变我的全部生活，我知道我的大前提是置于生命的永恒真理之上的，而且我更知道，并且相信我的潜意识，会因为我的想法给我带来十全十美的答案。"

这位大学教授在经过一段时间之后，主动给心理医生写信："一天有好几次，我会带着爱心缓慢而静静地重复我所建立的大前提，渐渐地，这些话，真的深入到了我的潜意识中，让我生活的各个方面都有了很大的改变。这种方法真的很有效。"

如今，这位大学教授已经从痛苦的深渊中解脱出来，拥有了令自己满意的健康、财富以及快乐的生活，而这一切都是他美好的潜意识给他带来的。

潜意识能帮助我们实现我们心中的伟大梦想。因此在我们遇到困难和挫折时，千万不要对自己丧失信心，对自己说我不行了，这样就是拒绝了潜意识的帮助，那你肯定就不行了。而那些在世界历史中获得成功的人都有一个共同点，那就是他们都相信自己，都对自己有信心，只有这样的人才能得到自身的潜意识的帮助，从而获得更大的成功。

潜意识它不会和你争辩，也不会反驳你，如果你把消极的想法传输给你的潜意识，你的潜意识也会根据这些想法产生相应的反应，而这样做的结果就是在阻挡你自己走向好的方面，你的生活也会遭遇到更大的挫折和困难。如果你想实现自己的愿望，你就要向你的潜意识提出正确的要求，获得它的合作和帮助。潜意识有它自己的心智，但它会接受你的想法和意念。

一位成功者曾说过："只靠我自己，我什么都做不成。是我心中的上帝帮我完成了工作。"同样的"上帝"也存在于你的心中。它就是你的潜意识，一旦你的潜意识接受到一个观念，它就会立刻开始行动，把这个观念变成现实。正确利用你的潜意识，它将帮助你获得成功，实现你想要的一切。

潜意识的作用是巨大和神奇的，它的力量比意识要大很多，它的作用往往是潜移默化的。只要你经常在心中描绘光明的前景，并且不断地告诉自己"我能成功，我能成功，我一定能成功"，只要不断地这样重复，潜意识就终将为你呈现出十全十美的答案。而影响潜意识最关键的一点就是要不断地重复，大量地重复，在心中时刻确认你的目标，想着你的目标，这样你的目标终将会实现。

你的潜意识中蕴藏着无限的智慧和力量，而你的意识只是一个忠诚的看门人，你只需要打开这扇门，潜意识的无限智慧就会像泉水一样喷洒出来，它将引导、指引你，使你在精神、心智和物质方面，都会朝着好的方向走，使你对任何有价值的成就的追求都不会以失败告终。

潜意识可以控制人们很多的意念、行为，同样也可以控制人们的情绪，而且利用潜意识控制情绪的效果比其他方法更有效，只不过这种方法需要更多的时间。利用潜意识进行自我暗示，必须讲究放松技巧，依照命令放松身上的肌肉，一般的方法是从脚尖开始：

首先，放松右脚的脚趾尖，然后脚踝、膝盖、大腿、肠、心脏、肺、颈部。这一部分肌肉放松之后，换左脚。

然后，放松右手指尖，依次是手腕、手肘、肩部，所有的肌肉放松之后，换左手。

最后是下巴、鼻子、耳朵、眼睛，也依照这个顺序放松。

这一放松练习在反复多次之后，就能自如进行，全部过程只需要30秒的时间，随时随地都可以做，如上下班、饭前饭后、睡前醒后，都可以练习。

暗示能产生自我的激励

18世纪，德国的一位叫林德曼的著名精神病专家，用自己的亲身体验证明了自我激励能够对一个人的心理和生理产生巨大的作用。林德曼决定亲自驾船横渡大西洋，想以自己的行动来证明自我激励所起的作用。在出海十几天后，林德曼独自驾驶的小船开始进水了，船桅也被巨浪打断了。而在这时，林德曼本人也出现筋疲力尽的现象，劳累加上睡眠不足，林德曼常常出现幻觉，有时会出现死了比现在舒服的念头。这时，林德曼开始不断地激励自己："我一定要活下来，我一定能成功，我一定能到达大洋的彼岸！"林德曼反复对自己说这些激励的话，让这些话成为控制他意识的唯一念头，从而激发出他身体中潜在的能量。结果，林德曼成功到达了大西洋的彼岸。

由此我们发现：一个人在遇到绝境时，最需要的就是自身的激励，只有自我的激励才能激发出自身的潜力，带给自己信心、勇气和无穷的力量。

想要学会自我激励的人，首先要有一种积极的心态，只有具有积极心态的人在面对困境时，自我激励的话语才会从潜意识中闪现出来，才会有意识地进行自我拯救。一个人的成功不可能来自于失败的思想，无论别人怎么评价自己，自己都要相信自己，相信自己一定能够干出一番事业。相信自己能够成为一名杰出的人士，相信自己能够做好任何一件事情，而自我激励则能够成功地使自己做到这一点。

我们的潜意识就如同一个沉睡的巨人，只有自我激励的话语才能够将其唤醒。每天把自我激励的话语写在纸上，记在心上，并且将之付诸行动，将那些不可能的事变为可能。每天告诉自己"我行，我一定行""我能成功，我一定能成功"，这样你的潜意识就会全力行动起来，发挥出十足的干劲，产生出无穷的力量，让你在不知不觉中变成自己所期望的成功人士。

有这样一个故事——

王先生被诊断为癌症晚期，当他得知这个消息后，他变得非常沮丧、消沉。王先生看到病房窗外有一棵树，树叶已经落得差不多了，他想，等到树上的最后一片叶子掉下来就是我的死期吧。

王先生每天早上起床后的第一件事，就是向窗外望一望，看看那棵树又掉了几片树叶，树上还剩下几片。日子一天一天过去，那棵树上的树叶渐渐变少。

一天早上，当王先生醒来时，发现那棵树上只剩下了一片树叶，他想，等到明天那片叶子掉下来后，就是他的死期了。第二天早晨，他睡醒后看看窗外的那棵树，树上依然有一片叶子，他想，等到明天那片叶子掉下来后，就是他的死期了。就这样，一天、两天、三天……那片树叶依然没有落下，而他依然健康地活着。

几年后，王先生依然健康地活着，医生告诉他，他抗癌成功了。其实，是医生把树上的最后一片叶子用小细绳绑上的。医生用心理暗示的方法，让王先生保住了生命。

积极的心理暗示，对人们的生活可以起到一定的激励作用。无论在任何时候、任何地点、任何困难的情况下，都要记得给自己希望，用积极的态度面对人生。压力面前，积极地调动潜意识，充分发挥自我暗示的作用。对此，我们可以尝试以下的一些做法：

（1）把信念大声地说出来

我们习惯了在心里默默地给自己加油，当然这也能起到积极的作用，但最好是有声的说话，大声地告诉自己：我一定能！因为直接贯穿到你的耳朵里的信息会比在心理默念的带给人的暗示更加强烈。你可以站在镜子面前，真诚地表述自己的愿望，看着自己，告诉自己：我一定会成功！这样做了之后，你会发现你的心情更加积极乐观，思维、行动的效率也会提高。

（2）编织美好的幻想

幻想在很多时候也是一种积极的暗示。在安静、安全的环境中将自己彻底放松，并将自己所向往的生活或者希望达到的目标，在脑海中进行清晰细腻的预演。比如，想象自己进入梦寐以求的单位并做着自己喜欢的工作，想象自己在工作中发挥特长，想象自己在开会时滔滔不绝的精彩发言等。这样做的好处是，你的心灵接受了积极的、愉快的暗示，那么在遇到真实的情境后，记忆就会被激活，从而指引人的思维和行动。

（3）不要惧怕负面信息

人生的道路不可能一帆风顺，不要被负面的信息所吓倒。任何一件事情的发生，都是人生中的插曲，只是这段插曲时而凄凉、时而悲惨、时而高昂、时而兴奋、时而平静。人的一辈子，有这些组成，才算是完整的人生。

（4）养成良好的行为习惯

暗示不仅仅是以上直接的潜意识的沟通，还包括很多行为习惯方面的因素，尤其是一些细节。比如，走路时挺胸抬头，就会觉得自己很有精神；让自己的仪表干净整洁，就会对自身形象有个积极的评价；工作或学习的时候整理好桌面，摆放好物品，就会让自己感到很从容很有条理；说话的时候清晰大方，就会让自己感到自信沉稳……这些看似微不足道的地方，其实都会不知不觉地给一个人良好的心理暗示。

直觉是一种神奇的暗示

在日常生活中，我们似乎每时每刻都在做决定，决定有依靠直觉的，也有依靠理智的。一个看上去理智的决定，实际上大多数是一个感性的选择。理智是好的分析师、规划师和执行者。事情的发展，起初都是理智在思考的。它通过回忆所听、所读、所学和所经历的事物对以往的经验进行审视。不过这一切并不是真正意义上的"理性"，相反处处隐含着"感性"，因为每一个小故事、每一段内心的电影都会引发不同的感觉。这些感觉会告诉我们"好"或者"坏"，"要"或者"不要"。

理智所拥有的有限的数据、资料均源自从前，大多数信息可以说都已经过时了。所以，这里我们要告诉大家的是，每当理智做出决定时，实际上是过去在做决定。只有当你勇敢一点，未经前思后想做出的决定才会让你获得新的体验。

科学数据显示，人的意识每秒钟大约处理50个比特的基本信息单位。这个速度相当慢，因此我们获得的信息量也是非常少，最终导致了你能够

“思考”的结果和以语言理解的内容也很少。而人们的下意识每秒可以处理数百万比特的信息。我们可以这样比喻：在你的理智从一数到十的工夫，你的直觉已经可以数到50万了。当你刚刚开始思考一个问题，你的直觉已经有了答案，并且正积极地将结果告诉你。只不过你的理智可能还忙于那不会带来任何有用结果的数数，而没有听见它。

直觉往往会以感觉的形式传达给你。直觉是你心灵世界的一种能力，有人称之为“灵光一现”，也有人称之为“内心的指引”。直觉回答的是一种全面的、多视角的、深入的结论，是一种你以有限的理智所无法“明白”的答案。一旦你对一个问题开始冥思苦想，你就可能走入歧途，再也领悟不到这种感觉所传达的信息。这也是为什么许多“顿悟”都出现在人们正准备放弃一个钻研许久的问题的时候。

你的心灵世界早已拥有强大的直觉力量。你并不需要为此特意做什么。你所要做的，就是承认它，倾听它。

倾听你的直觉，这看起来是一件不容易的事，其实这也非常简单：你只要向自己提问，感受内心，尝试一下，检查它是否正确。这就像你学习一种语言。你练习得越多，就越能够精确自如地理解它，而你对自己能力的信心也会随之增长。

如果你想在某个问题上依照直觉行事，以下这些建议会对你有所帮助：

你可以问自己，这件事让你觉得“好”还是“不好”，如果不好，那么怎样会让你感觉好？很多事情，不要试图去解释它。感觉这事好或者不好，这就足够了。如果你不知道应该怎样去感受，你可以试试看，当你去想其他的可能性时，你的感觉是什么样的。你也可以向一个方向去设想，在这个过程中注意观察自己感受的变化。如果你对此没有清晰的答案或者感觉不太确定的话，你要再次问自己这件事究竟是要做还是不做。

当你的直觉认为不好，或者感到一种说不清看不见的阻力，就像什么东西或者某人在阻止你，那么这件事一定有什么地方不对劲！这时应停止你的行动。

当你获得的直觉是好的，那么在想或做某事时，你一定感到轻松愉快。感觉就像有什么东西或某人在给你"帮忙"。这时你的行动一定会顺利进行。

而如果你的感觉还并不清晰的话，那么目前你什么都不应该做。问问你自己：现在，我真的必须做一个决定吗？如果现在做出决定，并承受其后果，又会有何感受？

此外，我们的生活，不是为了创造结果，而在于体验过程。所以，不要将你的生活或者幸福寄予未知的将来。

让积极的暗示占据我们的心灵

暗示有两种，积极暗示和消极暗示。积极暗示对你的整个生活有一个良性的指导。如果你能够正确地利用心理暗示，即使你处在一个很糟糕的环境中，你的内心也会产生愉悦的情感。同时，积极的心理暗示会带来意想不到的惊喜。

人是十分情绪化的动物，人的一生主要受情绪的影响，善于控制自己的情绪，不要让消极的暗示力量占主导地位，这关系到一个人的人生走向。当遭遇困难和打击时，我们应该对自己说："我很坚强，我不会倒下。"这样的心理暗示力量必将为你增添战胜困难的勇气和信心。

积极暗示和消极暗示

美国洛杉矶的一家体育场内，一场高水平的橄榄球赛已进入白热化状态，观众们也全身心投入，又呼又喊。突然，有几个人感到不舒服，跑去找值班医生。医生认为他们是喝了自动售货机卖的饮料引起的食物中毒，立即用广播向全场发出紧急通知。不一会儿，整个体育场乱成一团，观众们一个接一个地吐个不停，甚至还有200多人被送往医院。但最后经鉴定，饮料根本没有问题，这下子，每个"病人"的病状又都很快消失了。这并非虚构的情节，而是生活中的真事。

一位爱搞恶作剧的朋友曾经和他办公室的一位同事开过这样的玩笑：他和其他同事商量好，等到最后来上班的一位同事进门后，大家都说他的脸色不大好，看看这位同事会做何反应。

于是，当最后来上班的同事精神抖擞地推开办公室门后，这位朋友说道："呀！你昨天没有睡好吧，怎么脸色这么憔悴？"他旁边的同事也帮腔道："是不是昨晚喝酒了，面色很苍白！"开始的时候，被捉弄的同事还说："没有啊！"可是，随着大家都说他脸色不好，这位同事果然变得没精打采，下午的时候，还因为觉得身体不舒服提前请假回家了。

这位朋友的玩笑的确开过了头，不过他的玩笑之所以有这样的结果，实际上是因为运用了心理学上的暗示效应。

暗示主要分为积极暗示和消极暗示。先来看则消极暗示的寓言：

在动物王国里也不知道是谁和狮子开了个玩笑：在它的尾巴上挂上了标签。上面写着"驴"，有编号、有日期、有公章，旁边还有个签名……

狮子很恼火。撕去标签？免不了要承担责任。狮子决定合法地摘去标签，它气愤地来到动物们中间。

"我是不是狮子？"它激动地质问。

"你是狮子，"胡狼慢条斯理地回答，"但依照法律，你是一头驴！"

"怎么会是驴？我从来不吃干草！我是不是狮子，问问袋鼠就知道。"

"你的外表，无疑有狮子的特征，"袋鼠说，"可是具体是不是狮子我又说不清！"

"蠢驴！你怎么不吭声？"狮子心慌意乱，开始吼叫，"难道我会像你？畜生！我从来不在牲口棚里睡觉！"

驴沉思了片刻，说出了它的见解："你倒不是驴，可也不再是狮子！"

　　狮子徒劳地追问，低三下四，它开始求狼做证，继而又转向豺狗解释，同情狮子的，当然不是没有，可谁也不敢把那张标签撕去。

　　憔悴的狮子渐渐变了样子，为这个让路，给那个闪道。一天早晨，从狮子洞里忽然传出了"呃啊"的驴叫声。

　　狮子是被自我暗示和他人暗示给打败的。

　　受暗示是人的心理特征，它是人在漫长的进化过程中形成的一种无意识的自我保护能力。暗示无处不在，利用积极的心理暗示手段可以让事情变得更美好，反之消极的暗示往往把事情弄糟。

　　某人喜欢新鲜空气的程度，无人能及。一年冬天，他到一家高级旅馆住宿。那年冬天奇冷无比，因而屋子的窗子都关得严严实实的，以防寒流袭击。尽管房间里舒服无比，但他一想到新鲜的空气一丝都透不进来时，他就非常苦恼，辗转难眠。到了最后，他实在无法忍受，便捡起一只皮鞋朝一块玻璃样的东西砸去，听到了玻璃碎裂的声音后，他才安然入睡。

　　第二天醒来，展现在他眼前的是完好如初的窗子和掉落在地上的破碎的镜框。

　　美国田纳西州有一座工厂，许多工人都是从附近农村招募的，这些工人由于不习惯在封闭的车间里工作，总觉得车间里的新鲜空气太少，因而顾虑重重，工作效率低下。后来厂方在窗户上系了一条条轻薄的绸巾，这些绸巾不断飘动，意味着空气正从窗户里涌进来。工人们由此去除了"心病"，工作效率随之提高。

　　心理暗示的作用是巨大和神奇的，不仅能影响人的心理与行为，而且还能影响到人体的生理机能，消极的暗示能扰乱人的心理、行为以及人体的生理机能；而积极的暗示能起到增进和改善的作用。

　　坚持心理上积极的自我暗示，对个人获得成功非常重要。

　　例如，星期天，你本来约好和朋友出去玩，可是早晨起来往窗外一看，下雨了。这时候你怎么想？你也许会想：糟糕！下雨天，哪儿也去不成了，闷在家里真没劲……但如果你反过来想：下雨了，也好，今天在家里好好读读书，听听音乐……

我们大多数人的生活境遇，通常既不是一无所有、一切糟糕，也不是什么都好、事事如意。这种一般的境遇相当于"半杯咖啡"。你面对这半杯咖啡，心里产生什么念头呢？消极的自我暗示是因为少了半杯而不高兴，情绪消沉；而积极的自我暗示是庆幸自己已经获得了半杯咖啡，那就好好享用，因而情绪振作，行动积极。

所以，时常默默鼓励一下自己"我很棒""我是最好的""我有比其他人优秀的地方""我某某方面做得比较好"等，真的很有用！

积极暗示是愿望的动力

自我暗示是我们进行心理调节的得力助手，如果我们能够进行积极的自我暗示，我们就能开发出自己的巨大潜能，从而获得超群的智慧和强大的精神力量，进而实现自己的梦想，获得成功。

美国一位年轻的歌手受邀参加一次试唱会。对此她非常高兴，她盼望这个机会已经很久了，但过去她已经参加过四次这样的活动，每次都以失败而告终。这并不是因为这位歌手的嗓音的问题，她的嗓子非常好，但过去每次试唱时，她的紧张和畏惧感就会非常强烈，从而严重影响了她的发音。

为了不使失败重演，她找到心理医生，医生教给她放松的方法。在试唱会的前一个星期，她把自己关在房中，坐在椅子上，然后闭上眼睛放松心情。在这种状态下，她的心智更加容易接受暗示。她开始对自己说："我唱得很好，我很有信心，我很镇静，我坦然自若。"她一天做四次这样的暗示，并努力让自己接受，以此来反击畏惧的暗示。

一个星期后，这位年轻的歌手神情镇定，充满自信地走进了试唱会。在试唱会上，她竟然发挥出了超常的水平，取得了成功。

这个年轻歌手的事例说明，要想获得成功，首先得相信自己，并用积极暗示来反击消极暗示，从而开发出自己的潜能。

海伦·凯勒曾说过："当你感受到生活中有一股力量驱使你飞翔时，你是绝不应该爬行的！"在我们的日常生活、学习和工作中，每个人的心理都难免会受到外界环境的影响。当我们心理受到消极影响时，我们就无法发掘出自身的潜能，甚至本来在我们能力范围之内的事情，我们也会因为消极的心理作用而做得一塌糊涂；当我们的心理在积极力量的引导下时，即使面对难以逾越的障碍，我们依然能够发掘我们的潜能，最终创造奇迹。

所以，当我们身处对抗、竞争的环境中，我们就应该运用积极的自我暗示，消除心理上的紧张，让自己的潜能得到充分发挥。积极的自我暗示，可以在我们精神无法集中时，起到镇定、集中精神的作用。在我们准备做某件事情的时候，积极的自我暗示可以帮助我们摆脱胆怯、紧张等心理障碍，让我们充分发挥自身的力量。

拳王阿里对很多人来说并不陌生，在阿里小时候，父母给他买了一辆自行车，他非常珍爱自己的车，每天都骑车出门。有一天，他去看警察局的一个朋友，把自行车放在警察局门口没上锁，没有想到他的爱车居然在警察局门口让人给偷走了，气得他直跺脚。在阿里沮丧之余，他的警察朋友提出教他拳击，并对阿里说，每次你遇到对手的时候，你就把你的对手想象成偷你车的人。在这样的一种心理暗示下，阿里越战越勇，直至夺得美国乃至世界的拳击冠军。

阿里在比赛前也非常善于利用心理暗示的作用，在每次比赛前，他都会对着镜头喊："我是最棒的，我是不可战胜的，我是冠军！"他正是运用了心理学中的自我暗示，让自己充满信心地面对对手，而且非常成功。

积极的自我暗示，对人的生理和心理都能起到好的作用。一个人要想获得成功只能靠自己，而不是依靠出身显贵、条件优越、智能超常等所谓的有利条件，这些条件都是靠不住的，甚至是身强力壮、时间充裕这些必要的条件也不够充分。一个人的成功，最终能够依靠的只有坚强的意志、积极的自我暗示，只有进行积极的自我暗示，创造积极的心态，才能够更好地发挥出自己的潜力，获得成功。

我们每个人身上都隐藏着无穷的潜能，犹如一个沉睡的"巨人"，积极的暗示会让我们召唤我们灵魂深处的力量，这时，巨人就会从睡梦中惊醒，帮助我们完成任何梦想。谁能唤醒这个沉睡的"巨人"，谁就能在逆境中看到希望，在危机中看到转机，在失败时依然有奋起的力量，在黑夜中看到黎明的曙光。谁能召唤自己心中的巨人，唤醒自己沉睡的力量，谁就能超越自己，打造一片自己的天空。

积极的人在每一次忧患中都看到一个机会，而消极的人则在每个机会中都看到某种忧患。积极的自我暗示具有重塑新我的魔力，它让我们唤醒沉睡的自己。在我们实现梦想的旅途中、在遇到困难和挫折时，我们只有以高度的自觉和顽强的意志、积极的自我暗示，才会突破难关，开创新局面。

积极的自我暗示可以让我们在实现梦想的旅途中获得成功的动力，消除遇到困难时的恐惧和不安。积极的自我暗示是帮助我们完成愿望的一种神奇的力量，让我们不断地寻找达成愿望的途径。积极的自我暗示，是我们达成美好愿望的动力，是克服苦难的勇气。只要我们成功地运用积极的自我暗示，我们的梦想就不再遥远！

自我暗示的心理效用

"我期望与麦肯罗比赛""我期望与麦肯罗比赛"……这是网坛明星伊万·伦德尔在与约翰·麦肯罗交锋之前，每天都要在本子上写下的一句话。原来，伦德尔与麦肯罗比赛了多次，伦德尔是胜少负多。久而久之，他对与麦肯罗的比赛有了一种恐惧心理。为了培养其必胜的信心和勇气，伦德尔的心理医生建议伦德尔，每天都要在笔记本上写下开头的那句富有挑战性的话。

伦德尔的心理医生所运用的这种方法，实际上是心理学上的一种自我暗示技术。所谓自我暗示，是人们通过诸如自我内部对话等手段，对自我施加心理影响的过程。自我暗示的结果，往往使自己的观念、心境、情绪、意志等发生转变，因此它有着很强的实用意义。尤其是每年恰逢高考来临之际，不少考生会产生头晕、心慌、胸闷、焦虑等不良情绪反应，影响他们考前的复习和考试水平的发挥。在这种情况下，如果能有意识地运用一下积极的自我暗示，往往会收到良好的效果。

在日常生活中，我们也经常不自觉地给自己一些消极暗示，最常见的是很多人出于谦虚，经常在人前进行"自我贬损"，比如说"我这人一向很笨""我真的不行""一辈子恐怕就这样了"等来表示自己的谦卑。但是，如果这些话长期重复，我们的潜意识就会接受这些信息，然后，我们就变得真的不行了。同时，经常听你说这些话的人也会接受心理暗示，觉得你这人真的不行。

如果我们能有意识地接受积极肯定的暗示，就能够对我们的心理、行为、情绪产生一定的积极影响和作用。

积极自我暗示的方法从实质上来说，是通过运用一些自我激励式的语言，使其积极的精神能够渐渐地、悄悄地潜入自我意识之中，直接对自我的思想、情绪和意志发生作用。产生这种效果的语言有很多，比如"我正在达到我的目标""工作是我非常喜欢进行的事""我这次一定能考好""我对自己充满信心"等。经常反复运用这些语言进行自我暗示，就容易鼓舞自己的斗志，稳定自己的情绪。自我暗示应选用那些简短、具体、直接、肯定的语言，同时最好想着往日获得好成绩的情景，或者想象即将取胜的成功场面，用鲜明的图像化方式来加强自我暗示的效果。

积极的心理暗示能够对人的心理、行为、情绪产生积极的影响和作用，会使病人增强战胜疾病的信心，从而有益于病情的稳定和症状的消除。因此，我们保持身体健康，除了锻炼身体、合理饮食和科学起居之外，还应当有意识地训练自己进行积极的心理暗示的能力，经常"自我激励"。这样，机体对疾病的抵抗力增强，自然能战胜疾病，保证身体健康。

当然，要想真正让积极的暗示在生活中起作用，还需克服浮躁和急功近利的心理。积极暗示是一种平心静气潜移默化的心理运动，想一蹴而就或三天打鱼两天晒网的做法是不可能取得成功的。只有长久地坚持，积极的心理暗示才能取得理想的效果。

在1985年神户世界大学生运动会上，以2.41米的高度打破男子跳高世界纪录的苏联运动员帕克林，每跳一个新高度前，都要俯下身去系鞋带。即使当时鞋带系得很好，他也要松开重新系过。这是他的习惯动作。这个旁人看来完全多余的动作，恰恰是他"自我暗示"的进行曲。他说，每次系完鞋带，眼前似乎什么都没有了，只看见前面的横竿，他要尽一切可能跳过去。

那么，自我暗示作为一种常用的心理调整方法，具有哪些心理效用呢？主要有以下几点：

（1）镇定作用

人的心理十分复杂，经常要受外界情境的影响。尤其在对抗、竞争的条件下，对手创造一个好成绩或工作做到你前面去了，会造成你的心理紧张。本来你有能力超过他，但是因为心理上的紧张，反而束缚了你潜在能力的发挥。自我暗示在这时就能起到消除杂念、稳定情绪的作用。

（2）集中作用

这个作用同镇定作用密切相关。一件事情，尤其是有一定难度的事情的成功，总是离不开注意力的高度集中。只有全力以赴，才能取得成功，除此没有别的捷径。可是，人的注意力并不是说集中就能集中的。缺乏心理训练的人，往往是到了注意力该集中的时候，却出现心猿意马的情况。怎么办？学会自我暗示，是一种比较有效的办法。

（3）提醒作用

一位文豪说，当你想和别人吵架，并准备好某些词语时，请你在嘴里默念："我一定不要让这些词语出口。"只要这样去做，大多是吵不起来的。这位文豪在这里介绍的，也是一种自我暗示的方法，它可以提醒人们不去做某些事情。当然，当你准备做某件事情，而又出现心理障碍如胆怯、紧张等情绪时，自我暗示也能起到正面强化的作用。例如夜间在乡村小路上行走，有些怕走夜路的人，就可以用自我暗示的方法来鼓励自己。

选择积极肯定的暗示

美国一位销售商，每天早晨都组织员工一齐高声而热烈地朗诵："我觉得健康！我觉得愉快！我觉得大有作为！"接着还一起开怀大笑，互相拍拍背，祈祷一天的好运气，然后分别干自己的事，结果每人完成的销售额高得惊人。

自我暗示能否成功，完全在于能否反复练习。任何巧妙的暗示法，倘若不去反复练习，效果一定会降低。

美国有一位拳王每当回答记者的提问后，总忘不了说一句："I'mthebest！"(我是最好的！)

"我是最好的"带有明显的主观色彩。你认为自己是最好的，可事实上可能有人比你更好。所以历史不会将大多数人都造成英雄，但生活在历史中的每个人，都不能不有这么一种豪迈之气。

在美国，有一种被称之为"60秒PR法"的家庭生活游戏，它的做法是：每天花60秒钟以讲演的形式简洁地描述自己的天赋和能力，以及自己应达到的成功目标。

这一游戏实质上也是积极的自我暗示，因而可用作自信心理的激发。根据行为科学的理论，一个人对自己失去信心、垂头丧气、沮丧抑郁，必然会产生一种厌恶和否定自己的自卑情绪。要克服这种不良情绪，你就要时常赞美自己的优点和长处，鼓励自己在人生道路上勇敢奋斗，对未来充满信心和希望，以塑造出全新的自我形象。

在早上刚睡醒时，不要急于起床，利用3～5分钟的时间，想一想自己的暗示语。例如，近期的目标是什么，决心搞好哪些工作，解决好哪些问题，特别是针对当天要做的事情进行一下暗示："我一定要办好某件事！""我一定要解决好某个问题！""我一定要完成某项工作！"等等。请记住，此种暗示，是在起床前进行，不要等到起床后洗完脸才进行。因为洗过脸后，显意识开始复苏，暗示的效果就会减弱。

在自我暗示的前半部分，要选择一些积极的、肯定式的、富有激励性的语言，并固定下来，天天背诵，做到反复强化，例如：

我是有能力的。

我在各方面都会越来越好。

我是我生命的主人。

活着，我感到充实与快乐。

重要的是不断行动。

自信、勇敢、乐观、实践是我人生的宗旨。

完成了前半部分固定内容的背诵以后，后半部分可即兴发挥。比如在讲演过程中，还应多提到自己过去成功的具体例子。当然，未来的目标也是必不可少的。这可分为长期目标和短期目标。长期目标要富于想象和激发性，短期目标则应切实可行，具体明确。

当然，洗完脸后这段时间也要充分利用，趁着还没有任何消极思想或信息侵犯你之前，先找一个安静的地方，享受一份精神早点，即选一本励志好书，如潜能开发、或情商开发、或职业生涯规划、或成功规律、或成才之道等人生指导方面的书，看上15分钟。然后再进行早锻炼。一边锻炼，一边回想刚读过的内容。通过回想，达到暗示的效果。最后，再吃一顿丰盛的早点，有足够的体力使你的精神早点得到尽情发挥。

有不少人大清早起来，不但不进行积极的暗示，反而专门说一些消极的语言，想一些不愉快的事情，听一些不好的信息，给自己进行消极暗示。殊不知，此时的消极暗示会产生极大的负面效应。因为，一个人早上情绪心态的好坏，直接影响一天的情绪及能力的发挥。

在做好早暗示的同时，还要做好晚暗示。在晚上躺在床上时，利用几分钟的时间，想一想近期的目标，决心搞好哪些工作，解决好哪些问题，并对明天要做的事情进行暗示：明天我一定要办好某件事！明天我一定解决好某个问题！我一定要完成某项工作！一边想着某种事情，一边在不知不觉中睡着。睡眠之前，留在脑海中的知识或信息会进入潜意识，留下深刻的印象并可转化成为动力。

自我暗示的用处很多，范围也很广。但在刚开始进行时，往往效果并不明显。这并不奇怪，人的心理调整不是一蹴而就的。要把原有的心理活动纳入自己所期望的轨道，需要具有心理约束力。这种能力是要逐步培养的。不要因为自我暗示的一时效果不明显，或者想暗示而暗示不了，就灰心丧气。正所谓"万事开头难"，自我暗示的效果也有一个由小到大、逐步增强的过程。

下面是你在学习自我暗示时，需要牢记的五大原则：

·简单。你给自己制定的暗示标语要简单有力。例如，"我越来越富有"。

·积极。这点是极重要的，如果你说"我不要受穷"，会将"受穷"这个消极的观念印在你的潜意识里。因此，你要正面地说："我越来越富有。"

·信念。你的句子要有"可行性"，令你心理不会产生矛盾与抗拒。如果你觉得"我会在今年之内赚到100万"是不太可能的话，选择一个你能够接受的数目。例如"我今年之内会赚到5万元"。

·预想。默诵或朗诵你自己定下的语句时，你要在脑海里清晰地见到自己变成理想中的那个人。你永远不会致富，除非你能够在脑海中见到自己富有的模样。

·感情。预想自己健康，你要有浑身是劲的感觉；预想自己能创造财富，你要有拥有财富的感受。当你朗诵(或默诵)你的语句时，要把感情倾注进去，否则光嘴里念着是不会有结果的，你的潜意识是依靠思想和感受的协调去运作的。

把握积极心理暗示，做你生命和生活的主人，然后走向成功！

祛除消极暗示，让心灵得到解放

琳娜是一位40岁的公司职员，7年前她的丈夫因车祸离她而去，从那时起她的情感生活一直是一片空白。因为，她非常爱她的前夫，爱他胜过一切。

琳娜每天早晨，都会把前夫送她的丝巾系在脖子上，这个丝巾是他们结婚那天前夫送给她的。每当这时，她就会想起自己是多么深爱他，直到今天，她还能清晰地感受到自己对他的感情。

然而，现实的世界时常让她感觉无比空虚。这种痛苦如此强烈，以至于她很难接受一段新的感情。她总是观察这条丝巾，仔细到每一个细节，包括颜色、形状、重量、手感……

终于有一天，琳娜悟出了三个问题：这条丝巾只是一件丝制品，它代替不了前夫的爱；沉浸在回忆或者对原有爱情信物的迷恋中，并不是爱的表现，它只会引发痛苦；保留对前夫的爱，然后去接触其他男性，对他们来说并不是一件不公正的事情。因为这并不是对自己爱情的欺骗或者背叛，相反，这能让心灵获得自由，让自己的生活获得新的充实和喜悦。

想明白这些之后，琳娜开始坦然对待前夫送给自己的信物，卸下令自己寂寞生活的包袱，不再终日沉浸在痛苦之中，开始了新的生活。

几周后，在一个风和日丽的周末，琳娜来到她和前夫初次见面的地方，那是一间别致的木屋，她把丝巾拿在手中，看了很久，她终于撒开手，伴着清风，丝巾飘向远方，再也看不见了。做完这一切后，琳娜觉得心情轻松。把这些代表过去的物品从自己的生活中清除出去，琳娜的内心获得了全新的感受。

　　后来，琳娜又搬了新家，调整自己的生活。6个月以后，她终于在多年之后再次结识异性，并且重新收获了爱情。

　　如果那些具有象征意义的物品对你有消极的心理暗示，那么你需要摆脱它们对你在心理上的束缚，你可以尝试以下做法：

　　首先，把自己置身于一个安静的环境，以从未有过的认真态度仔细观察物品。仔细审视并感觉物品的材料和工艺，看看它有什么功能，审视它的结构，掂掂它的重量。用你的各种感官好好地感知这一物品。你可以用鼻子闻，用手摸，掂分量，用嘴尝。很快，这件物品对你来说就不再具有任何象征意义，你在感知它后，就会发现它只是一件单纯的物品。

　　其次，请你好好想想，是否存在相似的物品，却不具有这种象征意义，或者具有完全相反的象征意义。你要试着把过去的行为或者物品与爱联系起来，而不是不快的经历。回想一下当时的情景，找到这一物品带给你的爱和快乐的时光。

　　最后，自己在内心编造一段新的场景。你可以假想一个你深爱着的、并且对方也深爱着你的爱人。你可以这样想象，这个爱人是你完美的生活伴侣，你非常非常地爱对方。这个完美的爱人也有和给你带来消极心理相同的物品，或者做了相同的行为。这么做的时候，你静静地看着他(她)，你不会责怪他(她)，因为你深深地爱他(她)。你可以继续感受你对他(她)的爱，并且观察他(她)所做的一切。现在，或许你会发现，过去对你而言具有某种不愉快象征意义的物品或者行为，已经在你内心消散。你感到的是喜悦和爱。

　　当你能做到这一切时，那些物品对你的消极暗示已经消失，你的心灵得到解放。你不会再沉醉于类似的情形。

　　由于受外界客观事物的影响，人们随时随地都会产生各种各样、五花八门的想法。对美好生活和工作的向往和追求，这是人们心理活动的大目标。对于如何实现的问题，以及采取什么方式方法和措施，这就有很大不同了。一般来讲，就每一个个人而言，随着时间和场合的不同，想问题和对待事情的态度也不是一成不变的，有时情绪好，积极性高，不怕困难，愿意付出代价做挑战性的工作；有时情绪低，看什么都不顺眼，浑身没劲，懒得动手和动脑，心存侥幸，幻想得到追求的目标。这就是积极的心理暗示和消极的心理暗示的具体表现。

（1）暗示"我能行"鼓起了成功的信心

从追求成功的大目标来讲，只有提倡和坚持积极的心理暗示，克服消极的心理暗示，才会取得良好的结果。

据说，在日本某地有一所专门培养企业领导人的学校。校长要求学生在每天出操、上课时，要集体大声高呼："我能行！我能当个好领导！"只要人们走进这个校园，到处可以听到学生的呼喊声。

校长为什么要让学生喊这样的口号，人们实在不理解。有一次，一名记者向校长采访办校的宗旨，校长幽默地说："培养企业领导人，是让他带领工人搞好生产、追求利润，要是没有'我能行'的自信，还有什么成功可言！那么，我这个学校不就成了废品加工厂了吗！让学生高喊'我能行！我能当个好领导！'就是让他们做强烈的自我暗示，树立成功的意识和坚强的自信心。"

（2）用"我能行"赶跑"我不行"

大量研究证明，在每个人的意识中都有一个理想的、积极的自我形象，但这个理想的自我形象，并不是总能指导和主宰自己的行为。因为，它会常常受到另一个消极的自我形象的干扰。前者不怕困难、勇往直前，后者遇事畏缩、知难而退。前者自我暗示说："我能行！"后者则会大唱反调，暗示自己"我不行"。因此，每个追求成功的人，都要高呼"我能行"，不断强化心中那个积极的、理想的自我形象，战胜和排除消极的自我形象的干扰。

　　著名的意大利男高音歌唱家卡鲁索，在追求成功的道路上，无时无刻不在和消极的心理暗示做斗争，用积极心理暗示鼓舞自己，所以才取得了演出场场成功的良好效果。比如，一次在歌剧院的厢房等着上场演唱时，突然旁若无人地大声叫嚷起来："别挡住我的路！走开！走开！"身边的后台工作人员听了，都手足无措，不知发生了什么事情，因为当时并没有任何人挡住他的路。结果，他上场后的演唱，赢得了观众的热烈掌声。

　　后来，有人问起他那次演出前到底发生了什么事情时，他笑着解释说："我觉得我内心里有个'大我'，他要我唱，而且知道我能唱好。但另外还有个'小我'，他觉得胆怯，而且说我不能唱好。我只得命令那个'小我'离开我。"

　　卡鲁索所说的"大我"和"小我"，其实就是心理上的积极自我和消极自我。他要让"小我"走开，就是要让"大我"占据心理位置，这是一种积极的心理暗示。

　　卡鲁索把自己积极的心理暗示大声喊出来，这固然是追求成功的一个好办法，但对大多数人来讲可能不大习惯这种方式。这倒没有关系，可以根据自己的兴趣而定。就心理暗示的效果而言，喊出来和默念都是一样的。只要是积极的心理暗示，就会达到相应的效果。

催眠术，强化暗示的捷径

催眠术不能彻底改变一个人，但它可以作为其他医学治疗方法强有力的辅助疗法。它不仅能缓解你的各种压力和疼痛、帮助你的慢性疾病恢复、帮助你减肥和抗衰老、减轻你的抑郁或焦虑心理，还能帮助你改变不良习惯、建立自信心、增强记忆力和集中精力、发展你的各种潜力。

人通过催眠，进入一种身心放松、舒适的状态，就好像是一杯摇晃的水，现在逐渐稳当安静下来，水中的杂质逐渐往杯底沉淀，于是这杯水从混浊转为澄清、透明、干净，潜意识里的问题根源，在这杯澄清的水中会自动现出真相。

催眠与脑电波

要明白什么是催眠术，首先需要知道我们人类大脑的一些基本结构及功能。你的大脑无时无刻不在活动，脑的活动产生了一种生物电流，这就是大家知道的脑电波，这种生物电现象反映出大脑的活动状态。人的大脑功能基本上由4种不同活动层面所构成：

第一层，β——你处于完全清醒状态。你每天约有16个小时处在这种活动平面上。大脑这个层面的主要功能是调节人体基本生命控制中心的活动，如心跳、呼吸、肾脏功能、消化功能等(占75%)，履行你的思维活动(占25%)，其中包括决策、推理和逻辑思维等。据科学家们测量，这时你的脑电波活动速度在每秒14～30周不等。

第二层，α——它与你的潜意识有关，进入这个层面就等于你打开了进入潜意识的大门。催眠状态就处在这个层面里。当你达到高度集中精力时(95%～100%)就能进入这个层面。该层面的其他功能还包括：静思、生物反馈、幻想以及自然进入睡眠过程和从睡眠中清醒过来的过程。

第三层，θ——代表你的无意识部分。当你在浅睡时，你的大脑活动在此层面中进行，你开始做梦。它有时被称为睡梦状态。"意识"表明你是清醒的，对事物有警觉；"无意识"表明你是不完全清醒的，对外界事物无任何警觉。

第四层，δ——它与你的深睡有关。当你进入这层状态时，你的意识完全失去，你的潜意识进入了最大程度的休息状态，你听不到周围的任何声音。每晚你在睡觉时大约有30～40分钟处于这种层面。

可以这样理解，当你在晚上睡觉时，你的大脑活动过程是：β(完全清醒)→α(自然催眠状态)→θ(浅睡眠)→δ(深睡眠)。当你清晨从睡眠中醒来时，你的大脑活动过程是：δ(深睡眠)→θ(浅睡眠)→α(自然催眠状态)→β(完全清醒)。

在正常情况下，β脑电波出现在你日常心理和躯体活动时。如果你在经历某种创伤或者频繁地思索并和自己的内心交谈，尤其伴随着内心分析、警觉和评判时，β波就出现高活动状态。这种状态导致你心智忙碌，不同程度地影响你的内心平静和幸福感产生，并限制你的信念架构。你在进行放松、静思和自我催眠时，你的β脑电波得到了削弱，此时出现的是α波，它表明你的大脑活动处于相对平静和警觉状态。人在α波状态下，大脑最易"开窍"，精神集中，思维清晰，创意涌现，加快信息收存，产生过目不忘的效果。α波是打开潜意识的唯一有效途径。

催眠是被指导下的静思

对于什么是催眠术这个问题，有的人回答是"变更了的意识"，有的人把它比喻为"被指导下的静思"，也有的人则称它为"被指导下的白日梦"。其实，解释"催眠术"的方式很多，目前并没有一个标准的答案，通常人们对"催眠术"的解释是——催眠者运用暗示或暗语等手段让被催眠者的意识发生改变而进入一种催眠状态的技术，即当我们受某些连续、反复的刺激，尤其是语言的引导，使我们从平常的意识状态转移到另一种意识状态，而在这种状态下，会比平时状态容易接受暗示，我们把这个过程称之为催眠。

催眠术有5个基本特征：放松、集中精力、静止不动、五官感觉器的高度警觉、眼睛快速运动。

催眠术过程很简单，基本操作包括5个阶段，每个阶段时间不长，阶段之间自然相连：

准备阶段：此时的你尽可能舒适地坐下或者躺下，尽可能不要思索任何事情。

诱导阶段：在催眠师的暗示之下，你开始从清醒和警觉状态进入某种心身放松状态，此时的你已处于似睡非睡。

加深阶段：在这期间，你得到进一步放松，然后完全进入催眠状态。此时你的意识思维已经变得很微弱。

目标阶段：在这段时间里，你最后达到了你所想要的催眠目标。比如你的目标是要减轻心理压力，此时的你已经感到全身格外放松、心情格外愉快；如果你的目标是戒烟，这时你会相信自己再也不会是吸烟者。

苏醒阶段：你开始慢慢回到清醒状态，你的意识恢复正常。

例如：给被催眠者喝一杯白开水，并暗示他说，这是一杯极甜的糖水，被催眠者表示高兴，此时抽血化验，发现血液中含糖量大大提高。又如，早已为人所知的"人工记印实验"，更是催眠心理暗示直接影响生理变化的明显例证，即用一块一寸方形大小的湿纸片，贴在被催眠者的额部或手臂的皮肤上，并暗示他贴纸的地方是要发热的，这时他的注意力完全集中于这个地方并引起了发热的感受。一个小时后，将纸片揭下来，发现那块皮肤果然发红了。如果是用一寸方形的金属片贴在被催眠者的手臂皮肤上，暗示金属片是发烫的，这块皮肤很快就会起水泡。过一段时间，金属片下面果然烫起了水泡。

那么，所有的催眠术是不是都需要别人来操作呢？不一定。催眠术可分为自我催眠和他人催眠两种，自我催眠由自我暗示引起，他人催眠在催眠师的影响和暗示下引起。但实际上，两种催眠术的结果都一样，都是使被催眠者进入催眠状态而达到催眠效应。而他人催眠术也是通过自我催眠而产生效应的。再高明的催眠师也不可能控制你的大脑，他们只是像一个艺术家一样去训练你如何应用自我想象力，或者指导你如何对催眠师的指令或者暗示进行反应而逐渐进入催眠状态并产生催眠效应。因此，有人甚至称催眠术是一种艺术。在他人催眠中，你能掌控当时的催眠过程，因为只有靠你自己接受指令和暗示才能进入催眠状态。所以，我们说所有催眠术实质都属于自我催眠。

积极暗示来代替消极暗示

催眠是一种生理现象，被催眠的人会在催眠师的引导下进入一种似醒非醒、似睡非睡的状态。受到催眠的人，一旦进入深度催眠状态后，便不能随意自由活动，这时，被催眠者接受暗示的能力特别强，他往往会根据催眠者的语言暗示而发挥精神作用的威力。

为什么人在催眠的状态下会接受催眠师的指令呢？原因是，进入催眠状态时，被催眠者的大脑皮层除了催眠者进行语言暗示需要的那一小部分神经细胞还在兴奋之外，其他大部分都被暂时抑制了，也就是这个原因，受催眠者，除了听到催眠者发出的指示话语外，再也听不到任何声音。此时，催眠者说什么话，受催眠者就会"顺从地"按照他的指挥去做。

德国著名催眠术大师舒尔兹有一个很有趣的发现，当他教导病人自我催眠时，如果让病人重复地说"我的手暖和了"时，他们的手真的越来越暖和。后来人们发现，用催眠疗法治疗人体疾病的确能够收效。比如哮喘病人大都对尘土、花粉或烟雾等刺激物敏感，但事实上，这种敏感都是由于神经紧张造成的。通过催眠暗示的治疗，他们的哮喘可以治疗大半，这就证明哮喘反应至少有一部分是来自后天的主观经验，而不是生理上的问题。这一切其实就是暗示的神奇力量。

有这样一个案例——

皮特是一位著名的男歌星，他的歌声得到了广大歌迷们的喜爱。但他现在陷入了极端恐惧中，因为他说话的声音沙哑。虽然歌迷们仍然喜欢听他唱歌，但他相信自己的声音是"令人讨厌"的。他非常担心这种情况，并且这种情况已经持续3年了。

皮特是个很配合的受术者，在催眠中催眠师了解到，他在3年前因病必须割除扁桃腺。当时，他很担心手术是否会影响他的歌喉。在手术的过程中，也许是由于某一句话形成暗示，造成他的声音沙哑。尽管那时候他已经被麻醉药麻醉失去了意识，但是他的潜意识感受到了。

在催眠状态下，他的记忆回到了手术当天，他说他被戴上口罩，很快他就丧失了意识。他记不起当时发生的事情了。外科医生在结束手术后，对护士说："好！这位歌星这样就结束了。"其实，这句话说的是手术结束了。但是，皮特的潜意识却不这么解释，他一直在担心手术影响他的歌声。当他听到医生的话却产生了这样的理解："手术必定对我的声音有严重损害！"当他醒来时，他的声音就开始沙哑直到现在。

催眠面谈过后，皮特沙哑的声音就完全消失了。这真是太神奇了。当他清醒以后，他感到很喜悦，安心地回家去。催眠师和他约好必须再做一次详细检查。一星期之后，皮特再度来到诊所，但是声音又恢复了沙哑。他非常沮丧，看来情绪很低落。

原来是这样的，皮特在开车到演唱会场途中，他的妻子朱莉亚对他说："奇怪，你沙哑的声音怎么这么快就好了？我不相信你沙哑的声音真的好了，一定还会变回以前那样！"事实如此，他又变回来了。显然可以看出，皮特是很容易接受暗示的人。

由于某种环境因素或某种暗示作用，人们往往会背上沉重的十字架，巨大的阴影时时笼罩在他们心灵世界的上空，对他们的整个心理状态、精神面貌产生消极的影响。以暗示为基本机理的催眠疗法对心理阴影的消除确有很大的帮助。用积极的暗示来代替消极暗示，人的心灵世界才会摆脱沉重，轻松面对生活。

自我催眠可以使心灵平静

你可能会发现，当身体出现紧张时，好像另外有什么东西绑住你的大脑，让你心神不安、思维迟钝。很多人相信，人的心智永远不会睡觉，就好像他们相信鲨鱼也是永远不会睡觉一样。其实，鲨鱼也会睡觉，只是它们睁着眼睛睡觉。人的心智也会睡觉，事实上，大脑在睡眠周期中可得到暂时休息和再充电。催眠状态是介于清醒和睡眠之间的大脑活动层面，是大脑睡眠周期的一部分，此时，人的心智处于完全放松和平静状态。如果你感到很难阻止你的大脑不断地去思考、担忧或顾虑，那你此时最有必要学习和进行自我催眠练习，让你的心暂时平静、安定下来。

费雯丽和本杰明是一对恋人。本杰明很爱费雯丽，平时本杰明有时间总是陪费雯丽外出一起吃饭、看电影、逛商店。最近本杰明因为准备博士论文还要给本科大学生上课，的确很忙，有一段时间没有跟费雯丽联系了。费雯丽感到非常紧张和有压力，担心本杰明疏远她是因为不爱她了，担心是不是她做错了什么。因此，费雯丽变得心神不宁，并时常对本杰明发脾气，无理取闹。事过以后，她感觉更糟糕，为自己的坏脾气感到更懊恼。为此，费雯丽开始自我催眠练习，她学会去关注他们之间这段时间所发生的一切，从意识和潜意识层面关注她的那些种种想法和感受，比如她注意到了自己脾气变坏是因为没有安全感，怀疑本杰明对自己的爱。在催眠的暗示语中，费雯丽对自己说："我要停止这些情绪反应。""从现在开始，我要认真观察是否真的有证据说明我和本杰明的恋爱关系发生了改变。"费雯丽发现自己对本杰明的怀疑没有任何事实依据，完全是出于自己没有安全感。后来费雯丽在暗示语中进行自我对话，自我反驳以前的那些错误感觉。最后费雯丽的不良情绪得到纠正，开始理解本杰明为什么近来与她联络减少。

自我催眠能帮助你改变以往不健康的生活方式，比如改变你的睡眠习惯，让你能够做到早睡早起，从而在某种程度上避免了压力事件的发生，例如，避免了经常上班迟到。再比如，通过自我催眠你能改变暴饮暴食的不良习惯，你不会因增加了体重而感到心理压力；保持家里整洁使你感觉心情愉快，缓解了压力感受；感觉更有自信心与他人交往，使你能够处理好人际关系，从而在某种情况下减少压力事件的发生，等等。

自我催眠使你能够通过及时控制对潜在性压力事件或环境的认识或感受，从而管理好自己的压力情绪。

美国有位心理学家进行了一项研究：40位中学教师接受4周的自我催眠训练，其目标是改变他们对近期所经历的压力事件的认知或想法。12个月以后，研究者再将参加过自我催眠训练的教师与没有参加催眠训练的对照组教师们进行比较，结果显示，参加过自我催眠训练的教师受压力的影响明显低于没有参加过自我催眠训练的教师。

你也许注意到了，当你面临一种压力事件时，如果你看到过你的家人或者朋友曾经有过相同压力事件，那么，你受此压力的影响要小一些；如果你从未看到过你周围的人有经历类似的压力事件，那你受此压力的负面影响就会明显大得多。为什么呢？道理很简单，你对压力事件的认知或想法影响你对压力事件的感受和行为反应。你从你周围的人所经历过的同样压力事件中得到的认知或想法，与你从未看到过任何人有过相同压力事件的认知或想法可能不一样，你比较清楚压力是什么，知道该压力可能会给你带来哪些不良后果等等。因此，你对压力的感受可能就没有那么悲观，自然你的压力就得到缓解。通过合理的暗示作用，自我催眠术能改变你对压力事件的认知和想法，也就改变了你对压力的感受，最终缓解压力。

自我催眠速成术

自我催眠术是自我信念转换的最好方法之一。它促使你明确个人目标，达到精力集中，平息内心任何抵抗以及培养新的学习方法。当你在清醒的时候，大脑就好像装有一套过滤或者防备等安全系统，它们专门用来扫描那些新的信息(新的行为、想法、思维模式等)，判断这些新信息是否你真正想要的东西，将新信息与现有的信息进行比较。因此，你的大脑由于有了这套安全系统就不会轻易地接受每一个突如其来的新信息或者新建言，而让你的行为、认知和思维模式变来变去，处于一种混乱状态。

自我催眠可以解除或者绕开你大脑中的这套安全系统而与你大脑的潜意识进行直接对话。当你进入催眠恍惚状态时，你全身极度放松，你的大脑非常平静，你的潜意识开始摆脱了安全系统的束缚，它的大门直接向外打开，此时它最容易接受你的所有自我暗示语，比如放开压力、停止吸烟、增强自信心、减少进食、缓解疼痛等等。

每个人都有自己的生存目标，有短期和长远目标，但不是每个人都能感受到或明确自己的真正目标是什么。有规律的自我催眠练习的最大好处，是促使你能有效地思索和清理出你的目标。通过自我催眠过程，你开始提高对那些可能性的警觉，减少拒绝承认自己错误的次数，并承认自己到底真正想要些什么。

自我催眠是以你的躯体各部位为聚点，通过某些方式，如想象、凝视和放松等转移你的注意力，并达到全神贯注和平息内心杂念的目的。这就如同大人们用嘎嘎作响的玩具去分散一个正在哭闹的婴儿的注意力。一旦那个婴儿把注意力转移到玩具上，他不但停止了哭泣，还开始笑了。在你进入催眠状态的精力高度集中的那一刻，你会感到世界正发生变化，日新月异，你的烦恼正在消失，你正敞开心扉迎接即将到来的新生活。

进行催眠的时候，人的左脑运转逐渐变得缓慢，最后近似于停止，右脑的情感、潜意识和直觉等功能成为人的主要脑部活动。经常进行适当催眠，能够使右脑变得更加活跃，各种功能得到活化加强。

这里提供一套简易的自我催眠术，该催眠术相对简单，仅仅是对左脑进行轻度催眠，以便其休整而不影响右脑的锻炼。

自我催眠三周速成：

（1）第一周

睡前平躺在床上，深呼吸直到自己感到心安静下来。

对自己说今天我做得很好，以后我会做得越来越好。

说的时候想象自己做得好的情景，每说一次，那个情景就进一步变得逼真，重复十次。

继续深呼吸，想象自己变好的情景入睡。

（2）第二周

保持上周的睡前自我催眠。

靠坐在有靠背的椅子上，平视前方，深呼吸。

缓慢地呼吸3次后，闭气3秒钟，闭上眼睛缓缓吐出气体，感觉到身体在放松。

脑子里尽可能什么也不想，持续2～3分钟。

仿佛眼前有个大屏幕，上面的数字逐渐从1变为25。

保持这种状态直到自己希望醒来。

默数一二三，睁开眼睛，暗示自己感到头脑清醒，全身充满活力。

每天进行附加活动一两次。

（3）第三周

保持第一周的睡前自我催眠。

找一张小卡片，把右脑开发的目的写在上面，如增加记忆力、改善人际关系的调控能力等。

进行如第二周的坐式催眠，但将平视前方改为凝视这张小卡片。进入催眠状态中，在心里反复念诵小卡片上的目的。

按照第二周的方式醒来。

第四章

冥想终极修习：放飞心灵

修炼心灵，找回自己的能量

一直以来，我们肉体所有的力量，都来自一股神秘的力量——心灵。

心灵也有力量吗？是的。人和人的区别并非仅仅是素质不同、观念不同和地位不同，其实根本不同的一点在于：心灵力量的不同。

心灵的力量可以将我们送上喜悦的高峰，也可以把我们送入沮丧的低谷。这种神奇的力量是可以创造的，也是可以破坏的；是可以温柔的，也是可以霸道的。强大的力量在心灵深处孕育、成长，然后进入我们的生命之中。所以，如果我们疏远心灵，那么就得不到真正的力量；如果我们缺少心灵的力量，也就无法享受真正的心灵生活。

如果不去发掘心灵的力量，我们的生命将会变得苍白无力。我们将无法享受情感的快乐，只能忍受情感的折磨。我们把思想和激情禁锢起来，不让它们进入我们的生活，我们的生活必然缺少活力，甚至它们还会在我们的心中制造麻烦，让我们心烦意乱。

心灵的力量是值得我们去追寻和完善的。在我们来到这个地球之初，能量早已存在。每个人的心灵能量也许是有着先天差别的。但如果你是个懂得心灵修炼的人，就可以通过修炼来找回自己的能量。

要了解自己的心灵空间

很多时候，你需要给自己的生命留下一点空隙，就像两车之间的安全距离，留一点缓冲的余地，可以随时调整自己。心灵也一样。

生活中发生的一切事情，都需要你倾注一定的时间和精力。它们既需要一个内在的，又需要一个外在的空间。内在的空间就是我们心灵的空间。我们每一个人都需要在内心为你所渴望的人或事真正留出一个位置。这是一种当新事物来临时，你愿意做出改变的感觉。你愿意为它留出空间，这是一个邀约，邀请另一个人或者另一件事进入你的生活。从一个人是否愿意留出内心空间，就能明显地看出"他"是否真正想要得到某种东西。

心灵，是一个人的灵魂，我们要在生活的过程中，不断地让自己吸收更多的知识丰富它、强大它，同时，我们还要懂得为它找到一片宁静的空间，不然，它会慢慢被社会生活浸染，变得粗糙、浮躁起来。它会使你在生活的洪流中失去知觉而变得麻木，所以我们要了解心灵空间的本质，以便更好地保护它。

心灵空间是你内心中最神秘的地方，但是只要你愿意去感受它，它就会更强烈地吸引你所渴望的一切。观察一下，为什么有人一直无法获得他们所希望的事物呢？原因是，他们并非真的愿意改变自己的生活。虽然他们害怕曾经的不愉快重新上演或者又出现新的摩擦，但却并没有真正下定决心去改变。如果想让你所期待的重新向你走来，你就必须摆脱内心或外在的一些旧事物。

要想了解自己的心灵空间，你需要了解你的生活中到底有什么。有人说，心灵空间的意义与自恋相关。如果你固守过往云烟或沉湎于某种幻想抑或无关紧要的事情，那么新的事物在你的心灵空间中就无法拥有一席之地。当你放弃了这种自恋，并且洞悉了心灵空间的本质后，你就很容易理解人与人之间的关系到底是怎么一回事。你将很快意识到，这段关系的发展前景如何，哪些方面还会存在阻力。

心灵空间有着强大力量，如果你想借助于心灵空间的力量，你不必去主动创造它，因为你所运用的不过是一种早已存在的感觉，你只需将这种感觉的能量转化为一种积极的力量。

事实上，心灵空间以及这种感觉早已是你身体的一部分。不论你愿不愿意，它都存在并发挥着作用。

生活中，我们的心灵空间很容易被阻塞，这让你无法在心中腾出一些空间去容纳那些我们所需要的信息。当被一切现实琐事弄得筋疲力尽时，我们又如何能欢畅地体验那份来自心灵深处的呼吸呢？所以，我们需要舒缓我们被阻塞的心灵空间。

首先，我们需要一个相对宽松的氛围。当我们被生活所累时，疲惫会占据我们的心灵空间。人只有在相对轻松的氛围中，才会走进弥漫着优雅的旋律当中，才会驾着思绪的翅膀翱翔。

其次，快乐也是舒缓我们被阻塞的心灵空间的灵丹妙药。快乐的情绪可以梳理我们烦乱的心灵世界。只要心中留一些空间，让原有对人和事物的印象有个变通的余地，你会发现，积压在这些印象之下的原始灵性，竟会如此神奇地为你描绘出美丽而多变的世界。

给心灵留下一片空间

人出生以后经历的成长，不仅包含身体上的，还包含精神上的。身体的成长我们都能看得到。从稚嫩的孩童到朝气的青年，再到强壮的中年。然而，身体的成长是受年轮的限制的，一个人不可能永远处于身体成长的状态。身体的成长力量是有限的，随着时间的推移，你的身体必然会因时间的流逝而衰老，你的肌肉会慢慢萎缩，你的心跳会变慢，你的血管会硬化。这种成长必然会停滞，直到倒退。我们不得不承认，身体的衰老是一个不可逆的过程。而心灵的成长则不一样，随着时间的增加，一个人的精神力量有可能会越来越强大。

心灵的成长既包括对于自我的进一步了解，又包括对外部世界的更深入的领悟，是一个人的内心世界丰富和分化的过程。然而，并不是每个人都有幸进入心灵成长的状态，心灵的成长并不是必然的，随着年龄的增长，有些人的心灵不仅不会成长，反而出现倒退。这种现象是很正常的，如果我们不吸取新的经验，努力完善自我，整天用消极的思维模式思考，从来没有反思和批判，那么这种僵化的方式必然会妨碍我们探索心灵的世界。我们的精神必然也会随着身体一起走向衰老。心灵的衰老必然会让一个人变得越来越刻薄，越来越萎靡，越来越自恋，越来越失控，越来越悲观，越来越退缩，越来越计较，他的心灵也会变得越来越僵化。

人生的意义离不开精神力量的增长。精神是不老的，因为精神的实质是对于人生意义的探讨。精神成长的动力是一个人对待世界的好奇心，是对于自我不断深入的认知和探究。有了这种探究，人的心灵才会越来越年轻，人格才会越来越有力量。可以这样说，只有人的心灵具备了完成所有事物的能力，才能称之为一个真正成熟而又有魅力的人。

只有对自己的心灵有清醒的认识、足够的信心、坚定的信念，并不断地给自己加油鼓劲，我们的潜能才会被唤醒，冥想才会发挥应有的作用。

要想获得平和的心，有一个最重要的方法，那就是让心灵留下一片空白。所谓空白，主要是指将忧虑、憎恶、不安、罪恶的情绪彻底消除掉。

事实上，刻意地使心灵空白的确能有效地为人们带来心安的感受。当人们将压抑在心头的烦恼吐露一空，或抛到脑后时，往往能体验到解脱的快感。能够把心中的烦闷向知心朋友倾吐的人，通常都是能够把握快乐的人。

仅使心灵空白还不够，必须加进一些内容。因为人的心灵不能永远呈现空白，而毫无内涵，否则，曾经丢弃的消极想法极有可能又重新窜入你的思想之中。我们必须在心灵呈现空白的同时，立即注入富含创造性、健康性的想法。如此一来，那些负面的想法将无法再对你造成任何影响。久而久之，那些重新注入脑中的新想法将在你的思想中生长，而且能击退任何负面的想法。那时你的心灵将永远享有平和。

使自己拥有平和心灵就要坚持每日片刻的冥想。其大体的原则为，在每天24小时中，至少抽出15分钟作为个人沉默的时间。在这段时间中，你不妨选择一个安静的地方，在那里或坐、或卧，安静地享受个人的冥想，既不与人交谈，也不读写任何东西，尽量摒除思考，把心灵置于虚空的状态中。有时难免会产生思绪扰乱的状况，但只要你努力尝试，终能使自己的心灵如同静止的水面一般波纹不起。此时，紧接着要做的是"倾听"。在冥想时听到的声音大多是和谐的、美丽的。这种情况正如托马斯·克莱尔所言："沉默是形成自然、伟大之事的要素。"

不过，别以为你就会这般懒散下去，无所事事的时刻一旦结束，你全身立刻会振奋起来，觉得自己可面对任何挑战。前一刻的冥想，只不过是为了让身体自然地调节它的节奏，生机一旦恢复，精神随即重振。

就现代人而言，严重影响我们心灵平和的就是噪音问题。根据一项科学的试验结果显示，人们若长期处在有噪音的环境中，其工作和休息效率均将明显降低。这是因为这些声响会直接传至人体的神经组织，而使肌肉细胞产生反应，这种反应经常会降低人们真正的休息程度。相反，冥想却具有镇静情绪、健康身体的疗效。事实上，从冥想之中所得到的休息，才可称得上是完全的、真正的休息。

心灵空间需要释放

每个人的心灵空间都具有强大的影响力和感染力。通常说某个人"个性很有魅力"，其实是指他没有压制自我的创造性并具有表现自己的勇气。

被压抑的个性，往往显得木讷、畏缩。受压制的个性约束真正的自我表现，使个体总有理由拒绝表现自己、害怕成为自己，把真正的自我紧锁在内心深处，这样必然会导致大量消耗自己的心灵能量，身体也终日处于疲惫不堪的状态，思维更是几乎陷于停顿境地。

压抑的人很多：有羞怯的、腼腆的，有敌意的、过度罪恶感的、神经过敏的、脾气暴躁的、无法与别人相处的等等。

如果你是一个容易害羞的人，陌生的环境让你害怕、常觉得不适应、担忧、焦虑和神经过敏，或者你有类似面部抽搐、不必要的眨眼、颤抖、难以入眠等"紧张症状"，或者你是一个畏缩不前、甘居下游的人，那么，说明你的心灵受到的压抑太重，因为你过于谨慎和"考虑"得太多。

像这样心灵被束缚的人很多，假如你是由于受压抑而过得不幸和失败，就必须有意识地练习解除抑制的方法，让生活中的你不那么拘谨、不那么担心、不那么过于认真。学会在思考之前讲话，戒除行动之前"过于仔细"的思考。

释放自己的心灵，我们要如何做呢？

（1）不要过于仔细地思考

不要事先考虑你"想要说些什么"，张开嘴巴说出来就行。不要过多考虑明天的事，你可以在行动中纠正你的行为。这个模式看来有些偏颇，但事实上它符合伺机而动的原则。一枚鱼雷绝不事先"考虑好"它的方向是否错误，也不事先试图纠正错误，它必须首先行动——朝目标发动然后纠正行进过程中可能产生的一切偏差。

（2）养成大声讲话的习惯

大声说话是一种自信心的表现。尽量提高你的音量，但不必对别人大声喊叫或使用愤怒的声调，只要有意识地使声音比平时稍大就行。大声谈话也是解除压抑的有效方法，使人能比在压抑状况下释放更大的能量。科学家也认为，大声叫喊能释放压抑——能调动全部潜力，包括那些受到阻碍和压抑的潜力。

（3）放弃虚伪，直接表露你的喜恶

受压抑的个性既害怕表现坏的情感，也害怕表现好的情感。他不敢表示爱情，担心别人说他自作多情；不敢表示友谊，怕被当作阿谀奉承；不敢称赞某人，怕人家把这当作虚伪逢迎，或者怀疑他别有用心。正确的做法应当完全不考虑这些否定的反馈信号，你不妨每天至少夸奖三个人，如果喜欢某人干的事、穿的衣服或说的话，你就让他知道。

（4）用新的眼光重新审视自己

历史上许多伟大的人物诸如富兰克林、贝多芬、达·芬奇、爱因斯坦、伽利略、罗素、萧伯纳、丘吉尔等，他们都是敢于探索未知的先驱。其实他们在许多方面与普通人一样平常，唯一的区别只不过是他们敢于走常人不敢走的路罢了。你只有敢于探索那些陌生的领域，才有可能体验到人世间的种种乐趣。人们只有用新的眼光重新审视自己，才能打开心灵的窗户，进行那些自己一向认为力所不能及的活动；不然的话，只会以同样而固定的方式重复进行同样的活动。

（5）感受现在

放弃过去对你来说或许是个不错的选择，因为，你越是生活在过去的阴影下，过去便越会成为你的一种负担，你就越会一次又一次地陷入过去的感觉中。你的心灵世界也会因此产生一种吸引力，吸引那些你过去喜欢的人。那么你必将在未来中续写你的过去，从而进入一种封闭循环的怪圈。在这种效应的影响下生活，你会感觉如同一只在转轮中的仓鼠。你可以奔跑，或快或慢，随心所欲……但你始终仍待在同一个转轮中，无法摆脱。

现在，有一种方法可以让你摆脱这种束缚，创造一个真正崭新的未来。这个未来不再是你过去的延续，也摆脱了从前伤痛的包袱。

这种方法就是——感受现在。让你的决定、你的行动都从现实出发。你所需要做的仅仅是相信你的人生道路还有其他选择的可能，不要总是求教于你的过去。只要你将一个此刻还较少运用的方法引入你的生活，就能获得这一切。

现实的力量是伟大的，它会引导心灵世界产生一种强有力的力量，活在当下这一刻是聪明的你应该做的。

保持心灵宁静与和谐

外在的事物是不会使我们变坏的，你可能会说有金钱、名利的诱惑，其实真正使你变坏的不是这些诱惑，而是你内心没有抵挡住这些诱惑。所以，能使我们改变的只有我们的内心。而当我们想要找一处安静的地方退隐的时候，最佳的选择是退隐到自己的内心当中去。因为只有自己的内心才是世界上最安静、最没有烦恼的地方。

确实，真正的宁静其实是来自我们的内心。记得有人说过：人生最痛苦的事情，不一定是没有钱，甚至也不一定是没有健康，而是身心无所安置。心灵无处安顿确实是一件很痛苦的事情。在当今这个时代，心灵无处安放的表现就是浮躁。

很多事例证明，"浮躁"已经成为近年来社会上流行的一种顽症。浮躁最大的危害就是会使我们心不在焉，坐卧不安；使得我们没有耐心做完一件事情，使得我们朝三暮四，浅尝辄止；使得我们自寻烦恼，喜怒无常；使得我们患得患失，焦虑不安；使得我们耐不住寂寞，稍有不如意就轻易放弃；使得我们斤斤计较，身心疲惫；使得我们急于求成……总之，浮躁就像梦魇一样时时纠缠着我们，影响着我们，成为我们走向成功、走向幸福、走向快乐的最大敌人。

一般浮躁的人的表现就是喜欢抱怨：抱怨上司、抱怨同事、抱怨工作、抱怨环境，有的甚至发展到了满腹牢骚、喋喋不休的程度，好像这个世界谁都欠自己的。于是他们总是觉得自己怀才不遇，而别人总是庸俗低劣，生活丑陋不堪。但是不要忘了，抱怨虽然可以换来别人一时的同情，但问题并不会因为这些抱怨而解决，怨气冲天不仅无济于事，还会招来别人的反感和厌恶，而且抱怨还会使自己沦为情绪的奴隶，遮住了人生灿烂的阳光，阻断了事业前进的道路。

伟大的思想家塞斯曾经说过：我们曾经结识过许多人，他们因为暴躁激烈的性格而使自己的生活变得痛苦不堪，他们毁灭了一切真与美的事物，同时也葬送了自己平稳安静的性格，并将肮脏心灵的瘟疫向四方传播。

所以很多人总感觉是在重复单调、无聊、困乏的生活—工作、工作—生活的机械般循环。但是，如果你在污浊尘俗、喧嚣嘈杂之中，守住自己宁静的心灵，把平凡的、简单的工作看作是伟大的事业，全身心地投入到事业之中，你就会发现宁静可致远。

英国人狄斯累利说：境遇不造人，是人造境遇。生活只有在平淡无奇的人看来才是空虚而平淡无奇的。

一个人的处境是苦是乐，主观因素起重要作用。有人安于某种生活，有人不能，不能的只好努力另找出路。但你无法断言哪里才是成功的，也无法肯定当自己到达了某一点之后，会不会快乐。有些人永远不会感到满足，他的快乐是建立在不断地追求与争取的过程之中，因此他的目标不断地向远处推移。这种人的快乐可能少，但成就可能大。

苦乐全凭自己判断，这和客观环境并不一定有直接关系。正如一个不爱珠宝的女人，即使置身在极其重视虚荣的环境，也无伤她的自尊；拥有万卷书的穷书生，并不想和百万富翁交换钻石或股票；满足于田园生活的人，也并不艳羡任何学者的荣誉头衔，或高官厚禄。

你的爱好就是你的方向，你的兴趣就是你的资本，你的性情就是你的命运。各人有各人理想的乐园，有自己所乐于安享的世界。

雨果曾经说过："比海洋更广阔的是天空，比天空更广阔的是心灵。"人心浩瀚，可以容纳许多东西，但如果我们的心灵总被自私、贪婪、卑鄙、懒惰所笼罩，那么不论我们是富甲天下还是位极至尊，也不能求得快乐。但如果我们的心灵能不断得到坚韧、顽强、刻苦、质朴之泉的灌溉，那么不论我们是一贫如洗还是地位低下，都可以求得快乐。

在人生的道路上，逆境总是多于顺境，苦难总是多于快乐。也许20个逆境能换来一次顺境，也许20次苦难能带来一次快乐。走过曲折，走过坎坷，不知不觉中发现自己其实已经变得强壮和勇猛，所以逆境是勇敢者的天堂。

生活中的一大要务，就是保持心灵宁静与和谐，这样你的生活才能得到安宁，理想的人生才有依据。千万别让那些胡思乱想的杂草长满你的心田。杜绝一切烦恼的根源，逃脱出为自己制造的樊笼，过朴实而有规律的生活，你就可以避免人生的许多失望。培养正当的生活兴趣，多多接触这个世界的美丽事物，才能建立美好的家园。

消除自身的烦恼

每个人都曾有过烦恼或正在经历烦恼，事实上，这些烦恼都是我们自找的。一个浮躁的人往往乐于自寻烦恼。你可以寻找甜蜜的爱情，你可以寻找美好的生活，但你绝不可以自寻烦恼。

每个人都有七情六欲，烦恼也是人之常情，是避免不了的。但是，由于每个人对待烦恼的态度不同，所以烦恼对人的影响也不同。通常人们所说的乐天派与多愁善感型就是明显的区别。乐天派的人一般很少自找烦恼，而且善于淡化烦恼，所以活得轻松，活得潇洒；而多愁善感的人喜欢自找烦恼，一旦有了烦恼，忧愁万千，牵肠挂肚，离不开，扔不掉，活得有些窝囊。

其实，人生的大多数烦恼都是自找的，本来就没有烦恼，或者说原本就不是烦恼。如果因为自己不顺心而烦恼，那是不明智的做法，也是对自己不负责任的做法。面对这种情况要冷静地多问、多思自己烦恼的原因到底在哪里，怎样才能使自己快乐起来。留心四周，你随时都可以发现正在"发怒"的人。商店里，顾客正在和营业员吵架；出租车上，司机正因交通堵塞而满脸怒色……此种情形，举不胜举。

那么你呢？是否动辄勃然大怒？是否让发怒成为你生活中的一部分？你是否知道，这种情绪根本无济于事？烦恼虽然是一种情绪，却具有强大的破坏力，一旦沾染上它，压力也就悄然而至。它会像指挥木偶一样指挥着你，使你生活在痛苦之中。

人在烦恼时，可使意志变得薄弱，判断力、理解力降低，甚至导致理智和自制力丧失，造成正常行为的瓦解。烦恼不仅使我们的心灵饱受煎熬，同时它还会摧毁我们的肌体。

其实，烦恼都是自找的，明确了自己的定位，就完全可以消除自身的烦恼。

有一位年轻人去找心理学教授，他对大学毕业之后何去何从感到彷徨，他向教授倾诉诸多烦恼：没有考上研究生，不知道自己未来的前途；

女朋友将去一个人才云集的大公司，很可能会移情别恋……

教授让他把烦恼一个个写在纸上，判断其是否真实，一并将结果也记在旁边。

经过实际分析，年轻人发现其实自己真正的困扰很少。他看看自己那张困扰记录，不禁说："无病呻吟！"教授注视着这一切，对他微微点头，说："你知道章鱼吧？"年轻人茫然地点点头。

"有一只章鱼，在大海中，本来可以自由自在地游动，寻找食物，欣赏海底世界的景致，享受生命的丰富情趣。它却找了个珊瑚礁，然后动弹不得，呐喊着说自己陷入绝境，你觉得如何？"教授用故事的方式引导他思考。他沉默了一下说："您是说我像那只章鱼？"年轻人自己接着说，"真的很像。"

于是，教授提醒他："当你陷入烦恼的习惯性反应时，记住你就好比那只章鱼。要松开你的八只手，让它们自由游动。困住章鱼的是自己的手臂，而不是珊瑚礁的枝杈。"

在生活中，烦恼都是自找的。它犹如一颗"毒瘤"，能在人的心里扎根。如果你不摆脱它，就会受它摆布。

一个人被烦恼缠身，于是四处寻找解脱烦恼的秘诀。

有一天，他来到一个山脚下，看见在一片绿草丛中，有一位牧童骑在牛背上，吹着悠扬的横笛，逍遥自在。他走上前去问道："你看起来很快活，能教给我解脱烦恼的方法吗？"

牧童说："骑在牛背上，笛子一吹，什么烦恼也没有了。"

他试了试，却无济于事。于是，又开始继续寻找。

不久，他来到一个山洞里，看见有一个老人独坐在洞中，面带满足的微笑。

他深深鞠了一躬，向老人说明来意。老人问道："这么说你是来寻求解脱的？"

他说："是的！恳请不吝赐教。"

老人笑着问："有谁捆住你了吗？"

"没有。"

"既然没有人捆住你，何谈解脱呢？"

他蓦然醒悟。

在生活中，我们的许多烦恼都是自找的。快乐就蕴藏在我们的心里，何苦去外求呢？

一个人得了难治之症，终日为疾病所苦。为了能早日痊愈，他看过了不少医生，都不见效果。他又听人说远处有一个小镇，镇上有一种包治百病的水，于是就急急忙忙赶过去，跳到水里去洗澡。但洗过澡后，他的病不但没好，反而加重了。这使他更加困苦不堪。

有一天晚上，他梦见一个精灵向他走来，很关切地询问他："所有的方法你都试过了吗？"

他答道："试过了。"

"不，"精灵摇头说，"过来，我带你去洗一种你从来没有洗过的澡。"

精灵将这个人带到一个清澈的水池边对他说："进水里泡一泡，你很快就会康复。"说完，就不见了。

病人跳进了水池，泡在水中。等他从水中出来时，所有的病痛竟然真的消失了。他欣喜若狂，猛地一抬头，发现水池旁的墙上写着"抛弃"两个字。

这时他也醒了，梦中的情景让他猛然醒悟：原来自己一直以来任意放纵，受害已深。于是他就此发誓，要戒除一切恶习。他履行自己的誓言，先是苦恼从他的心中消失，没过多久，他的身体也康复了。

如果你老是处于怒火中烧、忧心如焚、嫉贤妒能、贪得无厌等这些不健康的心态，却渴望拥有一个健康的身体，那无异于在建一座空中楼阁。因为你无意中已经把疾病的种子埋在了你的心中。

放下烦恼，你就不难驱除疾病与疲劳；相反，任由消极的心态与你为伴，即使恶疾缠身，也没有理由抱怨。

忘怀有道，使身心保持平衡

每个人本来都具有充沛的精神活力，但因为某些心理压力，如紧张、失败、挫折等，渐渐形成情绪问题。有时反应暴躁，有时反应冷淡，导致心灰意懒，半途而废。为了培养积极的生活态度，一定要学习忘怀之道。

忘怀之道，可以使我们真正放下心中的烦恼和不平衡的情绪，让我们在失意之余，有机会喘一口气，恢复体力。脑子的作用，不只是帮助我们记忆，更是帮助我们忘怀。应时时刻刻排解多愁善感的情绪，把恼人的往事放在一边，不要让自己被种种纷扰所困，而要让愉快的心情时时陪伴自己。只有这样，我们才有良好的精神和体力去生活、去工作。

乐于忘怀是一种心理平衡。有一句话说："生气是拿别人的错误惩罚自己。"老是念念不忘别人的坏处，实际上深受其害的是自己的心灵，搞得自己狼狈不堪不值得。乐于忘怀是成功人士的一大特征，既往不咎的人，才能甩掉沉重的包袱，大踏步地前进。

从心理学角度看，无论你惦记的是快乐的往事还是悲愁憎恨，长期生活在过去的记忆里，就会与现实生活脱节，会严重威胁心理健康和心智的发展。

忘怀，是忙碌的树荫。它让我们在燥热疲倦时，有机会休息，使体力恢复过来。然而，怎样才能做到忘怀呢？只有一个方法：放下。

哲学家康德是一位懂得忘怀之道的人，有一天他发现他最信任的仆人兰佩，一直在有计划地偷盗他的财物时，便把他辞退了。但康德又十分怀念他，于是，他在日记上写下悲伤的一行文字："记住要忘掉兰佩。"

真正说来，一个人并不能那么容易忘掉伤心的往事。不过，当它浮现出来时，我们必须懂得如何使自己不陷于悲不自胜的情绪，必须提防自己再度陷入愤恨、恐惧和无助的哀愁里。这时，最好的方法就是扭头去专心工作，计划未来，或者去运动、旅行。

学习忘怀之道，把许多愤恨的往事放下，日子久了，激动情绪就会越来越少，心灵和精神的活力就会得以再生，恢复原有的喜悦和自在。

有时候，我们的悲伤和内疚是因为自己做错事引起的，这时可以用补偿的方法来帮助忘怀。例如用诚恳的道歉，或者用其他方法补救，使自己身心保持平衡。

"记住该记住的，忘记该忘记的。改变不能接受的，接受不能改变的"，这是一句很有哲理的话。可什么是该记住的，什么又是该忘记的呢？

这是阿拉伯一个名叫阿里的作家，与他的两位朋友吉伯、马沙共同旅行时发生的故事。三人经过一处山谷时，马沙不小心，失足滑落下去。幸亏吉伯拼命拉他，才将他救起。马沙于是在附近的大石头上刻下了："某年某月某日，吉伯救了马沙一命。"三人继续走了几天，来到一条小河边，吉伯跟马沙为了一件小事吵起来。吉伯一气之下打了马沙一耳光。马沙跑到沙滩上写下："某年某月某日，吉伯打了马沙一耳光。"当他们旅行回来后，阿里好奇地问马沙："为什么要把吉伯救你的事刻在石头上，而将吉伯打你的事写在沙子上？"马沙回答："我永远都感激吉伯救我。而对于他打我侵犯我的事，将会随着沙子对字迹的掩埋而忘记和结束。"

记住别人对我们的帮助、支持和恩惠，洗去我们对别人的怨恨、不满和挑剔吧！这样在人生的旅程中才能更自由、幸福和快乐。

人们往往能够把别人的恩惠和支持铭记一辈子，却不能及时忘记对别人的怨恨，前者是该记住的，而后者是该忘记和释怀的。

在一个春天的夜里，在一个城市里，有位年轻的学生，走出公寓去寄一封信，当他从邮筒返回时，被十几个不良少年围起来，拳打脚踢狠狠揍了一顿，更不幸的是救护车来到之前，他就断气了。

两天之内，警察将这十几个不良少年一一逮捕。社会大众都希望对他们采取最严厉的惩罚。

后来这位死者的家长寄来一封信，他们希望尽可能减轻这些少年的罪行，并筹措一笔基金，作为这一群孩子出狱重生及社会辅导的费用。

他们不愿仇恨这些少年。他们的内心无疑经过痛苦的挣扎，而且需要有相当强烈的意志，才能够不恨这些肇事的孩子。他们只恨控制这些孩子内心的病态性格。

他们希望让这些孩子从残暴、粗鲁、仇恨、病态的虐待性格中重生，甚至不惜提供金钱来帮助这一群孩子。

生活中，该忘记的东西总是人们经过思想斗争都还难以忘记的。自夸、自私、贪婪、讽刺、仇恨、嫉妒、自怜、邪念、自我意识强烈，这些性格就好像是寄生在人们身上的寄生虫，随时会带给他们痛苦，使他们生病，甚至夺走他们的生命。你可以仇恨这些害虫，但是更应该同情被害虫所害的人。

去爱可爱的人并非难事，难的是去爱不可爱的人。要求自己去体谅一个自大、傲慢、尖酸、刻薄、自私、自傲或粗鲁的人，这确实是一项很大的考验。而要求自己去忘记那些在自己身上造成伤害和侮辱的人和事就更加不那么容易，但这又是拥有智慧人生所必须做到的。

要拥有智慧的人生，就要忘记一切，以求难得的轻松自由；铭记一切不可忘记的，以获取同样难得的饱满与充实。

上帝耶和华造了两个人，让他们到人间去体验生活。两人中一人叫"忘记"，另一人唤作"铭记"。"忘记"是一个快活的小伙子，他对人间的万物产生了浓厚的兴趣，整天高兴不已。"铭记"则是一名中年汉子，他到人间之后，将所经之事一一铭记在心。当二人被重新召回之时，上帝询问此行人间的感受。"忘记"一脸快乐地抢先说着："人间实在是太有趣了！"问及趣在何处，"忘记"却一脸迷茫，不知所措。问到"铭记"时，他说："做人太累！"也难怪，"铭记"在人间从头至尾都在铭记，以致背上了沉重的思想包袱，岂能不累？上帝听了两人在人间的境遇，先是哈哈大笑，后来却颇有所悟地说道："看来，对待万事万物都不能太偏激。"

人生处世，忘记是宝，铭记是福。做人一味忘记，他的人生固然轻松，但空虚乏味，无真正快乐可言；然而一味铭记，又必然为思想压力所累，亦无快乐可言。所以，真正快乐的人生应是忘记与铭记并重的人生！

用冥想调节我们的身心

那么是否存在科学的、简单的、效果明显的压力缓解方式呢？

答案是：存在，并且很多。例如健身、散步、瑜伽、户外旅游等，都是不错的选择。

不过，最好的方法就是冥想。因为冥想是最方便、最容易操作的方式。

无论对场地、环境还是设施的要求，冥想都是最简单的。简单到只需要一把椅子、一块垫子，甚至这些都可以不需要，如果你掌握了诀窍，随时随地都可以进行，而且时间完全自主，长短随意。冥想非常抽象，抽象到只需要关注你自己的呼吸，你就可以进入你内心那丰富多彩的世界。

冥想是我们自身全身心的内在调节过程，从生理上讲，它使我们的体温、血压降低，身体的节律放慢，从而使我们可以获得休息，聚集能量，并且修复受损的运动部位及内脏器官等。从心理上讲，冥想使我们暂时与压迫我们的困难和挫折分离，使我们有机会以新的态度和眼光来看待它，也使我们有机会走入我们自己的内心深处，去发掘我们自己的潜力。

压力所带给我们的，是痛苦的感受，还往往伴随着负面情绪。冥想所改善的，不仅是我们的理智与判断，更重要的是调节我们的不良情绪，减轻和消除痛苦的感受。

学会释放自己心中的压力

现代社会，给我们带来的不仅是高科技和物质享受，我们的心灵也在遭受着尘埃的污染。压力、疲惫、烦恼、抱怨、愤怒、嫉妒……这一切的尘埃让我们心灵的绿洲变得不再纯净，让我们生命离快乐和自由越来越远。生命是一场旅行，在旅行中，我们的心灵不可避免地会染上尘埃。只要我们在心灵中封沙育林，在温泉中洗去尘埃，我们就能够让心灵成为没有尘埃的绿洲。

爱默生说："我们不会去计算一个人的年龄，除非他没有任何值得我们注意的地方，岁月不能让我们变老，是我们的生活方式，是我们自己让我们变老。"现代社会竞争激烈，节奏加快，压力也随之增加，而过大的压力如果长时间得不到释放，将会严重影响到我们的身心健康。

在现代社会中，所有人都觉得自己的压力很大，感情的压力、学业的压力、工作的压力，男人有男人的压力，女人有女人的压力，什么样的人都觉得自己有压力。辩证法认为，压力在一定的条件下可以转化为动力，但这种转化是有度的，如果压力过大超过了一定的承受度，且长时间得不到释放，人的心理上就会感到疲惫，人的精神上就会觉得抑郁，人的情绪上就会变得紧张。久而久之，这种不良反应势必会影响到工作和生活，还会危害到身心的健康。

有一位希伯来商人让他的骆驼驮了很重的货物，他还向他的同伴炫耀道："你看我的骆驼多能干啊！"这位同伴说道："你的骆驼确实很能干，但是它已经到极限了，如果再加一根稻草都会将它压垮的！"这位希伯来商人不以为然，他的同伴就拿了一根稻草，轻轻地放在骆驼的背上，不出这位同伴所料，这匹筋疲力尽的骆驼轰然倒下了。

事实上，事情变化最可怕的不是越积越多的稻草，而是在不知不觉之中，很多事情或现象因为细小而得不到应有的重视，当人们蓦然警觉时，许多结果已不能改变。

根据自然界的设计，我们的身体，就是为了应付突发危险以便做出迅速反应的。当外界对身体有所要求或身体感受到威胁时，它就会产生一种迎战或逃避的反应。这种反应对史前的人类相当有用，因为当他们身体上遇到威胁时，例如和老虎不期而遇，他们就必须逃避，不然就要和它格斗。今天当你必须打电话给一位不满意的顾客时，你的身体也是有同样的"迎战或逃避"反应，不幸的是，这却不是一个你能去打斗或逃避的情况。你必须顺应情势，但是你的身体并不知道这一点，所以它依然产生"迎战或逃避"的反应。

一旦身体感受到威胁，全身的警报就发动起来了。于是心跳加快，四肢血液全部集中到肌肉中。此外，瞳孔也会扩大，下巴咬紧，而肾上腺素、血糖和脂肪全都进入血液中。呼吸也由缓慢而深沉的横膈膜呼吸变成浅浅的胸部呼吸。在人类生命受到威胁的情况下，这些机制的效果良好，但当一个人需要回复顾客电话时，这种"迎战或逃避"反应的发动就会消耗不必要的体力。

这情形恰似开车。如果你一直拉着手刹开车，你的车子就永远无法发挥它应有的力量和速度，过了一段时间，你的刹车就会坏掉。

据调查，有5％的疾病，是由未加管理的压力所造成或是使之恶化的。当你处在压力当中，免疫系统就会受到抑制，因而就会增加疾病对你的侵害。

生理方面对压力的立即反应，包括心跳、出汗及呼吸的加速、肌肉的紧张，以及口干舌燥等等。

心理的苦闷，带来生理的变化，其中包括了血压升高，血脂肪、血糖和胆固醇升高，免疫系统功能降低，导致感染病毒、感冒等的概率增加，发生血管堵塞的可能性增大。

人体对压力长期的反应，会带来和压力有关的健康问题，例如背痛、长疹子、腹胀、失眠、胃溃疡、心脏病、高血压以及慢性疲劳等等。

压力和伴随而来的负面情绪，譬如焦虑、沮丧等，我们通常称之为"心情感冒"。现代人当中，许多人经常抱怨起床的时候感觉很疲倦，无精打采，心情不好，或者精神恍惚。

美国一项重要的研究结果显示，男性和女性对压力的反应大异其趣。男性多以生理疾病的形式表现，譬如心肌病和溃疡，而女性却多是表现在情绪上，譬如焦虑、沮丧等。不过，男人和女人对压力负荷过重的发泄倒是颇为相似，通常都以工作过量或寻求快速消愁的方式，像喝酒或服镇静剂等。

压力和疼痛一样，是身体一种自然的反应，使我们意识到生活中有些地方出问题了。就像汽车仪表板上闪动的红灯，目的就是警告我们，汽车有个地方出状况了。

忽视这种自然的警讯，无疑是丧失了压力本来的功用，只会导致反效果。长期承受压力，会导致严重的健康问题，甚至会导致精神崩溃。日常生活中的小问题所造成的不良影响会不断累积，比如做人比做事重要的办公室文化、每天的交通混乱、忙乱的行程等所造成的不良影响，都会不断累积，对我们的神经系统造成严重影响。

压力会越积越多，如果这一过程被粗心者所忽视，那么你换来的可能是重压下无法修复的创伤。在这个世界上，并不是最富有的人就最幸福，而是最会懂得享受生活的人，懂得释放压力、制造快乐的人，才是世上最幸福的人。

在这个经济发展飞速、竞争日益激烈的时代，能够凭借自己的能力在这个社会上生存是首要的条件，而让自己保持一个良好的心态、健康的体魄才是最重要的。一个真正想要成功的人，一定先要从自爱开始。一个在事业上刚刚起步就被压力所压垮的人，一个不懂得释放压力的人，是永远不会实现心中成功的愿望的。我们应当让自己活得洒脱一点，让生活的节奏平衡一点，让自己松弛一点。每个人都应该学会释放自己心中的压力，在为生活奔波停下来的时候，让自己放松一下，闲庭漫步，品一杯好茶，看一本好书，听一段喜欢的音乐。偶尔和家人或是邀上几个好友到郊外或更远的地方去漫游，与太阳、草坪和新鲜空气亲近。

不要陷入忙碌的陷阱中

绝大多数人都能意识到在感受到压力时，会有情感上的变化和心理上受到的冲击，但他们往往没有意识到经常在这种压力下所产生的长期的、慢慢积累起来的不良后果。

当你的身体每次产生压力反应时，它会对你全身的系统施加紧张感，并导致身体与精神上的损耗。如果你总是处在压力的状态下，这种经常性的损耗将使你筋疲力尽，并使你在身体上、精神上垮下来。就像不停地高速驾驶一辆赛车，你也许可以坚持开一段时间，但到了某一点上，你要么会用完汽油，要么其中一个内部系统会崩溃。

以下的五个压力阶段告诉我们，当压力越来越多，在长时期内未受抑制地继续上升时，将会出现什么情况。

·促进。最初的充满能量反应使你进入准备行动状态。你会很兴奋，你的肌肉充满了能量，你的知觉很敏锐。所有的系统都开始运转。

·顶峰运作。你接通所有的能量。你把注意力集中于你的目标并努力实现它们。你情绪高涨，非常积极、热情。

·消耗。假如你继续高速运转，你的思维会变得飘忽不定，你的肌肉会紧缩，而且你会全身感到紧张。你已经累了，你的交流能力和能量补充能力开始下降，疾病可能就此乘虚而入。

·衰弱。假如你经常在压力下持续工作，没有恢复的时间，你的身体与精神状态会不断地恶化。你的判断力可能会受到损害，胃病和肠道病会变得更加严重。你会变得依赖药物并经常有不恰当的行为，也可能会出现长期的慢性疲劳。

·筋疲力尽。你的能量储备倾向于耗尽。你在身体上和精神上感到非常疲倦，幻想开始破灭，过低估计自己，可能会出现精神崩溃。经常会有严重的压抑情绪。

正如你所看到的那样，长期的压力是非常危险的，绝不能轻视。长期的压力会导致严重的疾病、无效率和死亡。但不幸的是，在今天的商业世界和社会实践中，似乎总会出现"长期的经常性压力"。如果你缺乏良好的控制压力的技巧，就很容易出现恶性循环的不良反应。这也许是致命的！因此，在对付不断出现的压力和问题时，控制自己的另一个关键在于，能够认识到自己的方法并不奏效并采取行动改变这一方法。

2001年曾有一项研究结果表明，那些荣获过奥斯卡金奖的剧作家的寿命较演员要短。研究人员告诫那些争强好胜者：固然争强好胜是一种积极的生活态度，但在实现自己奋斗目标的过程中，应多考虑自己的健康需求和体能极限。保持良好的身体状况实际上能帮助自己实现理想，而不顾身体的极限，盲目"超人"般地工作，到头来只能以健康甚至生命的代价换取已没有太大意义的荣誉和财富。

有个小偷趁主人不在家，翻窗进来，没想到主人突然回来了，小偷就躲在床底下，想等主人走了之后再偷，没想到因为他连续"工作"太长，太疲惫，竟然睡着了。警察把小偷带回派出所。可能是警察也超负荷工作了，开车时哈欠连天。小偷急了："别这样啊，我都知道疲劳对工作不利，你看不就出事了吗？你们是否知道疲劳驾车有危险呢？"这小偷还挺会总结经验的。

确实，长期通宵达旦地工作，会使体内产生许多毒素，而且有些毒素会随着血液进入大脑，能迅速引起中枢系统的"中毒"症状。疲劳，是一种信号，它提醒你，你的机体已经超过正常负荷，出现疲劳感就应该进行调整和休息，做到劳逸结合，张弛有度。如果长期处于疲劳状态，不仅降低工作效率，还会诱发疾病。过度疲劳与过劳死有相关性但不是直接原因，过劳死往往有一些较严重的基础病因，但过度疲劳可以使这些病因加重或是导致发病，造成不良后果。所以避免过度疲劳可以预防和减少由此导致的严重后果。

虽然为完成工作有时必须"过劳"，但不要把它弄成在服"苦役"，而是尽量获得投入的快乐享受。

在紧张忙碌的生活中，每个人都有身心疲惫的时候。适当的时候，我们应该让自己的心灵稍作放松，应该让自己喘一口气。腾出时间给心灵松松绑，少一些急于求成，少一些追名逐利，不要等到自己筋疲力尽的时候，无助地将自己的生命一头栽进无底的深渊。

哲人休谟（休谟活动在18世纪中叶英国社会政治动荡的时期）曾告诉我们："如果善于处理，一个人的时间即是他的一块良田，数亩之地所出产的对生命有益的东西，较诸满布荒草荆棘的无垠旷野为多。"

有这样一个故事：一天晚上，一位著名的物理学家，走进他的实验室，看见一个研究生仍辛勤地在实验台前工作。

物理学家关心地问道："这么晚了，你在做什么？"

学生答："我在工作。"

"那你白天做什么？"

"我也在工作。"

"那么你整天都在工作吗？"

"是的，教授。"学生带着谦恭的表情承认了，并期待着这位著名学者的赞许。

物理学家稍稍想了一下，随即问道："可是，这样一来，我很好奇，你用什么时间来思考呢？"

你什么时候在思考？不要让自己陷入忙碌的陷阱中。忙碌有时是死神的一个伎俩，让你在无尽的忙乱中耗去宝贵的生命，混淆了人生的方向。

通过放松技巧来克服压力

很多人有着一份薪水不菲的工作，有着一个幸福美满的家庭，却在很多时候，感到不幸福。这是为什么呢？其实这样导致这种结果的原因很简单，就是对生活太苛刻了。

生活，这并不是个多么高深的字眼，我们每天都要面对的就是生活。这就要看我们是以怎么样的态度来面对生活了。因为生活对每个人而言都是平等的，我们不要苛求生活能给我们以特殊的照顾。同时，逃避生活也并不能幸福，只能是感到空虚和悲哀。我们不能逃避生活，也逃避不了生活赋予我们的一切，无论是幸还是不幸。所以，只要释放心灵的压力，我们就会感觉到快乐。

尽管生活对有些人来说是苛刻的，比如海伦·凯勒、史蒂芬·霍金。他们非常不幸，但他们没有对生活放弃希望，而是积极快乐地生活着，他们甚至比我们这些身体健康的活得更加精彩，更加充实。

看到这里，我们有什么理由感叹生活的不公呢？他们比我们不幸，他们能做到，为什么我们就做不到呢？说到底，根本的原因就是我们对生活要求太苛刻了。

对生活要求苛刻，不仅自己不会感到幸福，同时也会无所事事，只会唉声叹气。

要知道，生活对每一个人都是公平的，特别是对那些遭遇不幸的人来说。要时常想到，比自己不幸的有的是，不幸的并不是自己，要在不幸的环境中，找到自我，去顽强生活。

也许现在你的处境没有别人好，也许你的遭遇很糟糕，但是，不管通过什么方式，只要能开心地过每一天，你的生活就是有意义的。

如果我们把不幸看作是生活对自己的考验，那么我们就不会感觉到生活对我们有什么苛刻了。如果我们不对生活要求苛刻，那么我们就会让自己幸福。

在家和家人聊聊天，享受家庭的温暖；上班时开心努力地工作，享受工作带给我们的乐趣；下班后逛逛街，和朋友小聚一下，开开玩笑，聊聊天，这是何等的惬意生活啊！

生活赋予我们什么样的生活环境，我们都要去适应它，不能对生活要求得苛刻了。一味地对生活要求苛刻，不但于事无补，反而会让自己陷入更加不幸的地步，得不偿失。

对生活苛刻就是一个不幸的根源。它会让我们内心产生压力，这样做什么事情都会感觉有缺陷。我们应该对生活心存感激，用心灵去释放压力，这样才能感觉幸福。下面为大家介绍几种舒缓压力的方法：

·运用言语和想象放松。这是类似轻度自我催眠的放松法，在安静独处的时候，对自己说"蓝天白云下，我坐在平坦如茵的草地上""我舒适地泡在浴缸里，听着优美的轻音乐"，在短时间内放松、休息，恢复精力，让自己得到精神小憩，你会觉得安详、宁静与平和。

·分解法。请你把生活中的压力罗列出来，一、二、三、四……你一旦写出来以后，就会惊人地发现，"各个击破"这些所谓的压力就没那么难了。

·想哭就哭，哭能缓解压力。

·一读解千愁。读书可以使一个人在潜移默化中逐渐变得心胸开阔，气量豁达，不惧压力。

·拥抱大树。在澳大利亚的一些公园里，每天早晨会有许多人拥抱大树。据称，拥抱大树可以释放体内的快乐激素，令人神清气爽。

·运动消气。法国出现了一种新兴的行业：运动消气中心。有专业教练指导人们如何大喊大叫，通过扭毛巾、打枕头、捶沙发来"减压消气"。

·看恐怖片。英国有专家建议，人们感到工作有压力，是源于他们对工作的责任感。此时他们需要的是鼓励，是打起精神。所以与其通过放松技巧来克服压力，到不如激励自己去面对压力，例如去看一场恐怖片。

减缓步伐，学会慢生活

浩瀚无垠的大西洋海面上空，出现了一个庞大的鸟群。数以万计的海鸟在天空中久久地盘旋，并不断发出高亢的鸣叫。更为令人惊诧的是，许多鸟在耗尽了全部体力后，义无反顾地投入茫茫大海，海面上不断激起阵阵水花……

世界著名航海家托马斯·库克船长曾经在他的日记里记下了上述奇遇。这件事一直令他百思不得其解。事实上，库克船长并非是这一悲壮场面的唯一见证者。在他之前，很多经常在那个海域捕鱼的渔民都曾被同样的景象所震撼。

鸟类学家们对这种现象也无法做出解释。在长期研究中他们发现，来自不同方向的候鸟，会在大西洋中的这一地点会合。但他们一直没有搞清楚，那些鸟儿为何会一只接一只心甘情愿地投入大海。

这个谜终于在20世纪中期被解开。

原来，这些海鸟葬身的地方，很久以前曾经是个小岛。对于来自世界各地的候鸟们来说，这个小岛是它们迁徙途中的一个落脚点，一个在浩瀚大海中不可缺少的"安全岛"，一个在它们极度疲倦的时候可以栖息的地方。

然而，在一次地震中，这个无名小岛沉入大海，永远地消失了。迁徙途中的候鸟们仍然一如既往地飞到这里，希望稍作休整，摆脱长途跋涉后的疲惫，积蓄力量开始新的征途。

但是，在茫茫的大海上，它们却再也无法找到它们寄予希望的那个小岛了。早已筋疲力尽的鸟儿们只能无奈地在曾经的"安全岛"上空盘旋鸣叫，盼望着奇迹的出现。当它们终于失望的时候，全身最后的一点力气已经消耗殆尽，只能将自己的身躯化为汪洋大海中的点点白浪。我们人类其实和那些鸟一样，只知道劳累，却总也找不到休息的港湾。

下班的时间越来越晚，回家的欲望越来越少，公司里的人越来越多，心里的压力越来越大。在每一个经济高速发展的城市，一群忙碌于各个写字楼之间的都市职业人，开始越来越多地把公司当作自己的家。

在光鲜的外表之下，是无休止的加班，创意枯竭的煎熬以及与外部交往的隔绝。在夜深人静的时候，他们也经常告诫自己不要如此拼命，规划着明天就开口向公司主管请假，去外地度过一个美好假期。但是天明之后，新的任务又催促自己匆忙上阵，于是一个新的轮回又将开始。

日复一日，年复一年，周而复始地操作，机器都可能"报销"，更何况是血肉之躯的人。你要警惕，你可能已被一种称为"慢性疲劳症"的疾病缠上却茫然不知，但是你还得不断地为生活拼搏，因为你认为身子还能撑得下去。

大部分的人不把这种症状视为病症，因而掉以轻心。其实这会严重影响个人的学业、工作和日常生活。严重的长期性疲劳，可能会成为其他病症的导火索。这种强烈的疲劳感如果持续半年或更长，便会时常出现轻微发烧、咽喉痛、淋巴结肿大、集中力降低、全身无力等病症。身体长期处于疲劳状态，会造成体内荷尔蒙代谢失调、神经系统调节功能异常、免疫力减低，同时也会引起肩膀酸痛、头痛等自律神经失调症状，感染疾病的概率也会提高。那么，到底是什么东西让我们为之疲于奔命呢？

（1）过分追求完美

追求完美是成功者的特质之一，但过分追求完美势必导致精力、体力过分投入。追求完美的人上班时忙忙碌碌，下了班仍殚精竭虑，任何一点小的瑕疵就过度自责，或者是花费更多的气力去改善、弥补。

（2）过分追求优越感

每个人的内心都或多或少地有自卑感，正是这种自卑、自我不满足才促使我们去完善自我。如果过分地追求"比别人强"的优越感，用"永争第一"来掩盖自卑，只把自己当作名利的载体，就会使自己顾不上身体的不适而不停地忙碌下去。

（3）过分地担心失败

我们曾对每天工作时间超过8小时的被访者进行调查，结果表明，64.1％的被访者认为自己超时工作的最大原因是"由于竞争激烈，担心失去工作"。

过于劳累会失去健康，我们要学会休息。休息并非意味什么事也不做。休息的意思，是要你放慢脚步、放松自己紧张的情绪。散步是一种休息，躺到床上也是一种休息，看场电影、读一本好书、看电视、听音乐，甚至和朋友打电话等，都是一种休息。

休息能使你的身体释放紧张情绪，使身心重新回复到一个正常平衡的状态。一旦你得到充分休息，你在工作、学习时就会更有活力、更有冲劲。英国前首相丘吉尔（睡午觉的支持者)是这么说的："很抱歉，每天中午我都必须像个小孩般上床睡觉，可是睡过午觉以后，我就能一直工作到半夜一两点，甚至更晚。"

在总是令人焦虑的快节奏生活中，也许另一种时尚将悄然流行，这就是慢慢地生活。只争朝夕式的观念可能要修正一下，人们发现强迫自己加快生活节奏是多么不值得，多少快乐从身边闪过，而舍弃它们的理由竟是因为习惯。

下午，阳光温暖地晒在皮肤上，一杯咖啡，安安静静，飘着它独有的芬芳。要来点音乐吗？拿本杂志……放慢节奏，才发现生活原来可以是这个样子。热爱生活的人们，请偶尔放慢生活的脚步吧！那沿途的美丽景色带给你的，不仅仅是愉悦的感受，还有对人生的思考。

今天在路边的逗留，是为了明天走得更好。

进行有益的情绪锻炼

现代心理医学研究表明，一个人心情舒畅、精神愉快，中枢神经系统处于最佳功能状态，那么，这个人的内脏及内分泌活动在中枢神经系统调节下处于平衡状态，将使整个机体协调，充满活力，身体自然也健康。长寿学家胡夫兰德在《人生长寿法》中指出："一切不利的影响因素中，最能使人短命夭亡的，莫过于不良的情绪和恶劣的心境，如忧虑、沮丧、惧怕、贪求、怯懦、忌妒和憎恨等。"近些年来，很多医学家十分重视情绪与疾病关系的研究。美国曾有一批医生经过多年的研究发现，在他们所诊断、治疗的病人中，患胃疼、恶心的病人中有88％的人是由不良情绪所引起的。他们认为，情绪不良会增加胃中盐酸的含量，容易导致溃疡病。所以，为了健康，不论是愉快的还是不愉快的情绪都应控制在适度的范围内，而这情绪的控制就要靠锻炼。

日本的春山茂雄写了名为《脑内革命》的畅销书，该书的主要观点是要求人们进行正思维或加法思维，比如说今天你被老板大骂了一通，那么你应该这么想，老板是信任我的忍耐力和精神修养的，老板是重视我的行为的。与正思维相反的是负思维，同样是挨骂，有的人被骂了一通之后马上精神萎靡、忧心忡忡，老板是左右看我不顺眼，老板要我卷铺盖要砸我的饭碗……

在日常生活中经常进行上述正思维或加法思维，便是进行有益的情绪锻炼，而经常进行负思维或减法思维，便是在进行自我心理摧残。前者会让脑内分泌有利于身心的荷尔蒙——脑内吗啡，帮你迅速解脱痛苦，使你心情舒畅，处于最佳的精神状态。而后者会让你的大脑分泌有害身心的毒性荷尔蒙，破坏你的身心健康。

我们在生活中，各种信息、观念随时可能潜入心灵，并寻找停靠点或储存地。无论心灵积累哪些信息，只要长期滞留在一个地方，就会形成一股能量，影响和改变生命信息的流动和与外界的沟通。有的像灰尘一样附着、污染着心灵，使心灵变硬变僵。

信息也是物质的。输入不同信息就会形成不同的信息形态和网络，使接受能力和判断能力发生改变。电脑接受信息靠两个键来确保不发生混乱，一个是确定，一个是消除。这是两种选择。只有正确地选择，才能保证心灵不出现混乱，不发生变异。

心灵在接收和储存信息的时候，会出现结石、梗阻和梗死等症状。因而心灵需要建立一个清洁维护系统，以帮助随时清除影响心灵健康的废气、废物。心灵也需要建立一个营养输入补给系统，以获得强健和发展心理的功效。于是，每天用例行的仪式化、程式化的心理激励的方法，可以认真地、及时地、长期地、有效地排除心理垃圾，补充有益的心理营养。

那么，在现代生活中怎样注意情绪锻炼呢？

·在生活变化面前，应经常保持开朗明快的心境和愉快的情绪，遇事冷静，客观地做出分析和判断。

·要有自知之明，遇事要尽力而为，适可而止，不要好胜逞能而去做力不从心的事。

·不要过于计较个人的得失，不要常为一些鸡毛蒜皮的事而破坏自己的情绪，愤懑要化解，怨恨要消除。

·家庭和睦，保持友好的人际关系、邻里关系，这样可使人心理上得到满足，感到家庭和社会的温暖。

·要多方面培养自己的兴趣与爱好，如书法、绘画、集邮、养花、下棋、听音乐等。从事这些活动，可以修身养性，陶冶情操。经常跳跳舞、打打球，既能锻炼筋骨，增强体质，又能使人心情舒畅，精神愉快。

总之，我们应该把握时机，充分认识到情绪锻炼的重要性，像每天吃饭和锻炼一样坚持下去，就能愉悦身心，保持心理健康。

让性格和情绪得以完善

有人说：情绪是思维的催化剂，思维能力可以通过情绪的调节而显示出更高的效率，人也会因此显得更聪明、更能干。积极情绪可使人精神振奋、想象丰富、思维敏捷、富有信心。消极情绪则使人感到学习枯燥无味、想象贫乏、思维迟钝、心灰意懒。

在我们做的事情当中，有许多都受到感情的影响。由于我们的感情可为我们带来伟大的成就，也可能使我们失败，所以，我们必须了解，要控制自己的感情，首先应该做的是，了解对我们有刺激作用的感情有哪些。我们可将这些感情分为7种消极和7种积极情绪。

7种消极情绪为恐惧、仇恨、愤怒、贪婪、嫉妒、报复、迷信，而7种积极情绪为爱、性、希望、信心、同情、乐观、忠诚。以上14种情绪，正是你人生计划成功或失败的关键，它们的组合，既能意义非凡，又能够混乱无章，完全由你决定。

克林顿执政期间，鲍威尔还不是国务卿。有一次，克林顿在对叙利亚是否动武的问题上进行咨询的时候，挑战性地问道："作为世界上唯一的超级大国，或者说是一个男人，在什么样的情况下才应该一忍再忍呢？"一时间大家都沉默不语。这时，鲍威尔站起来说："在妻子骂我们的时候，我们忍无可忍也得忍。"谁也没想到一向比较严肃的鲍威尔会这么说，一时哄堂大笑。也许是鲍威尔的这句话起到了一定作用，美国最终没有对叙利亚动武。从鲍威尔打的这个比方来看，我们可以看出他是个善于控制情绪的人。

有人问鲍威尔成功的秘诀是什么，他想了想说："我的成功秘诀是：急事慢慢地说，大事想清楚再说，小事幽默地说，没把握的事小心地说，做不到的事不乱说，伤害人的事坚决不说，没有发生的事不要胡说，别人的事谨慎地说，自己的事怎么想就怎么说，现在的事做了再说，未来的事来了再说。"应该说，他的这一番话，表明他不是一个冲动的人，说明他会考虑好行为的后果，道出了他成功的重要原因。

10年前，莫奈还只是一个汽车修理工，当时的处境离他的理想差得很远。有一天晚上，莫奈独坐在旅馆的房间陷入沉思。他想了很多，自己多年的生活历历在目，一种莫名的惆怅涌上心头：我并不是一个低智商的人，为什么我老是这么没出息呢？

他取出纸笔，记下几位认识多年的朋友的名字，其中有两位曾经是他以前的邻居，他们已经搬到高级住宅区去了。另外两位是他以前的同学。他扪心自问，和这四个人比，除了工作比他们差以外，自己似乎没有什么地方不如他们，论聪明才智，他们实在不比自己强。最后他发现，和这些人相比，自己分明是缺乏一种特别的东西，那就是性格情绪经常对自己产生很大影响，他发现过去很多时候自己不能控制情绪，比如爱冲动，遇事从不冷静，甚至有些自卑，不能与更多的人交往等。

于是，莫奈痛定思痛，做出一个令自己都很吃惊的决定：自今往后，决不允许自己再有不如别人的想法，一定要控制自己的情绪，全面改善自己的性格，塑造一个全新的自我。两年后，莫奈在所属的组织和行业内建立起了威望，人人都知道，他是一个乐观、机智、主动、关心别人的人。

并非所有的成功都会来自你的智慧，更重要的是，你要发现自己的不足，让你的性格和情绪得以完善，成功者其实就是善于调节情绪的人！

让情绪每天饱满

无法控制自己情绪的人是不会有成就的，最终只能被自己的情绪所淹没和吞噬。只有学会控制自己让情绪每天饱满，才能拥有欢乐、光明和喜悦，才能活得轻松潇洒，从而掌握自己的命运。

现代人的生活节奏越来越快，内容也越来越丰富，我们每天所面对的人和事也越来越多。人和人不一样，事和事也不一样，这决定了我们必须以不同的方式和心态与之对应。

如何才能做到这一点呢？只有在内心深处保留一块平静而独立的空间。以"不变"应"万变"，并进行适当的情绪调控才是最好的策略。

怎样才能有一个好心情，以便使我们每天的工作和生活卓有成效呢？除非我们心平气和，否则迎来的又将是失败的一天。花草树木，随着气候的变化而生长，我们要为自己创造天气。要学会用自己的心灵弥补气候的不足。如果你为他人带来风雨、忧郁、黑暗和悲观，那么他们也会报之以风雨、忧郁、黑暗和悲观。相反地，如果你为他人献上欢乐、喜悦、光明和笑声，他人也会报之以欢乐、喜悦、光明和笑声，你就能获得事业上的丰收，赚取成功的财富。

怎样才能让每天都保持情绪饱满？那就要掌握这个永远颠扑不破的真理：弱者让思绪控制行为，强者让行为控制思绪。每天醒来当你被悲伤、自怜、失败的情绪包围时，我们就这样与之对抗：沮丧时，引吭高歌；悲伤时，开怀大笑；苦闷时，加倍工作；恐惧时，勇往直前；自卑时，换上新装；低沉时，提高嗓音；穷困潦倒时，想象未来的富有；力不从心时，回想过去的成功；自轻自贱时，想想自己的目标；自高自大时，要追寻失败的记忆；纵情享受时，要记得挨饿的日子；洋洋得意时，要想想竞争的对手；沾沾自喜时，不要忘了那忍辱的时刻；自以为是时，看看自己能否让风留步；腰缠万贯时，想想那些食不果腹的人；骄傲自满时，要想到自己怯懦的时候；不可一世时，应该抬头仰望群星。

有了这些新本领，我们才能控制自己的情绪，而且也更能体察别人的情绪。即使面对怒气冲冲的人，也要用宽容之心相待，因为他尚未懂得控制自己的情绪，因为我们更相信明天他会改变，因而重新变得随和。

人生不要活得太累，要给自己创造一个轻松的心境。对于自己千变万化的个性，我们不要听之任之，因为只有积极主动地控制情绪，才能掌握自己的命运。

做个精神振奋操，也可使你恢复精神、控制情绪，使自己成为一个朝气蓬勃的人：

·伸展四肢。伸展四肢是每时每刻都可以做的提高效率的动作。每天清晨睁大眼睛后，不妨在床上开始重复几项伸展动作，例如抬高下颚，伸直脖子，用口部徐徐吐气，呼出昨天积聚于肺部的残余空气。这样做除了能够驱走睡意，解除昨日疲倦外，更能使今日充满活力。

·将双手平放于胸前，将右脚慢慢升起，在空中略略逗留，然后放下；用左脚重复同样动作，次数随意增减。

·将身体弯成V字，稍作停留，连续做几次。

·耳朵是各器官经络集中的地方，故按摩耳朵可消除大脑疲劳，令精神为之一振。具体方法是，先闭目，轻咬牙关；再用大拇指、食指与中指在外耳郭上(即耳朵的边缘部位)按上、中、下三个部位，依次用捏、揉、拉的手法从上至下，重复按摩，当按摩至下部时，即应在捏揉之后，向上推，并使之轻微折叠。而上部在按摩之后，则应向下扯，直至将耳穴盖住为止。最后，可沿耳朵四周外缘，用中指反复按摩，并用手掌将整个耳朵由耳后向前压按，盖住耳穴，吸口气再松手。整个按摩过程只需3~5分钟完成。

·临睡前，可摩擦掌心，直至微微发热为止，这样能够促进血液循环，保证睡眠质量。

让我们的灵魂追上我们的身体

休息是什么？就是为了能够让我们的灵魂，追得上我们赶路的疲惫身体。

一个失意的年轻人请求上帝帮他摆脱烦恼。

上帝给了年轻人一个任务，叫他牵一只蜗牛去散步。

年轻人不能走得太快，蜗牛已经尽力爬，每次总是挪那么一点点。年轻人催它、吓唬它、责备它，蜗牛用抱歉的眼光看着年轻人，仿佛说："我已经尽了全力！"

年轻人拉它，用力扯，甚至踢它。蜗牛受了伤，它流着汗、喘着气往前爬。真奇怪，为什么上帝叫他牵一只蜗牛去散步？"上帝啊！为什么？"天上一片安静。

"唉！也许上帝去抓蜗牛了吧？"好吧！松手吧！

反正上帝不管了，年轻人还管什么？任蜗牛往前爬，年轻人在后面生闷气。咦？年轻人闻到花香，原来这边有个花园。

以前怎么没有这种体会？年轻人忽然想起来，莫非是自己弄错了！原来上帝是叫蜗牛牵他去散步。

你找到你的蜗牛了吗？偶尔出去散散步吗？

　　"和蜗牛散步"听起来非常可笑，可是当自己烦恼时不妨沉住气，静静地品味一下宁静带来的快乐。

追求放松是生活中很重要的一部分

　　在美国一次讲堂上，讲师拿起一杯水，然后问大家："各位认为这杯水有多重？"有人说200克，也有人说300克。"是的，它只有200克——那么，你们可以将这杯水端在手中多久？"讲师又问。很多人都笑了：200克而已，拿多久又会怎么样！

　　讲师没有笑，他接着说："拿一分钟，各位一定觉得没问题；拿一个小时，可能觉得手酸。拿一天呢？一个星期呢？那可能得叫救护车了。"大家又笑了，不过这回是赞同的笑。

　　讲师继续说道："其实这杯水的重量是一样的，但是你拿得越久，就觉得越沉重。这就像我们承担的压力一样，如果我们一直把压力放在身上，不管压力是否很重，时间长了都会觉得越来越沉重而无法承担。我们必须做的是放下这杯水，休息一下后再拿起，如此我们才能拿得更久。所以，我们所承担的压力，应该在适当的时候放下，好好休息一下，然后再重新拿起来，如此才可承担很久。"

　　现在生活节奏越来越快，生活压力也越来越大，生活中，我们渴望一份快乐的轻松、一份自然的宁静，可一颗浮躁的心，往往使这并不过分的渴望成为奢望。生活本应满足快乐的，只因有太多"心虚"在作怪，所以才显得沉重。放弃一些本不该属于我们的东西吧，因为生活需要轻载。

　　对于我们而言，解除压力追求放松是生活中很重要的一部分。正确有效的放松，会使你的身体在放松过程结束之后感觉轻松、愉快，使身体回复到自然、没有压力的状态。

下面就让我们开始放松身体的20个步骤：

· 用力握紧左手，直到手的各个指关节变白。然后，再慢慢放松左手，让手部的肌肉感觉松弛。

· 弯曲左臂，让肱二头肌突出，越用力越好。然后尽量放松左臂，最后让手臂完全放松。

· 用放松左手的方式来松弛右手。

· 用同样的方式放松右臂的肱二头肌。

· 弯曲左脚的脚趾，拉紧左脚的肌肉，直到感觉到紧到不能再紧时，再开始放松。

· 将左脚面向上抬，用足踝的弯曲帮助拉紧左小腿的肌肉，等感觉到腿后肌肉非常紧张时，慢慢放松。

· 将左腿伸直，连脚尖也一起伸直，直到感觉大腿前面的肌肉紧绷大腿根部。

· 放松右脚。

· 放松右小腿。

· 放松右大腿。

· 紧缩臀部的肌肉将自己上身向上提升，大约在上身高一寸左右的时候，再开始放松。

· 收紧腹部的肌肉，尽可能将小腹肌肉向内紧缩，然后再放松到最大限度。

· 绷紧胸部，先深吸一口气，然后屏住呼吸，这段时间持续越久越好，然后再呼气放松胸部。

· 把两肩向后用力，接着向前用力内缩，然后耸肩。越高越好。头部保持不动，然后双肩放松。

- 绷紧背部肌肉，伸长上身，把自己撑高。随后放松肌肉。

- 接着是颈部肌肉。尽量向前压低头部，拉紧后颈的肌肉。然后再抬高头部向后仰，绷紧前颈的肌肉，然后左右转转头部，放松肌肉。

- 上下移动眉毛，带动眉毛周围的肌肉运动，接着放松肌肉。

- 闭紧眼睛，保持紧闭，最后放松。

- 上下左右移动下颚，然后磨牙齿，皱鼻子，大笑尽量露出所有牙齿，随后让脸部的所有肌肉放松。

- 将舌头向前伸长，再将舌头尽力顶住上颚及下颚，然后回到口腔中放松。

经常和有规律的冥想，即使每天只有几分钟，也可以在缓解压力程度中起到关键性作用：

- 使注意力集中。
- 提高控制思维的能力。
- 提高处理情感的能力。
- 帮助身体和精神放松。

冥想的步骤：

首先，选择一个不被打搅的时间和安静的地点。

其次，坐在椅子上，或双腿交叉盘于硬垫之上，双手轻握放在大腿上，整个冥想的过程中保持上身直立，别让头或肩倾斜或背部朝后仰，同时尽可能放松肌肉。

第三，闭上双眼，把注意力集中于呼吸，保持一切轻松自然。

第四，让自己对呼吸的感觉占据你头脑的全部意识，无论你聚焦于鼻孔还是腹部，选择一个焦点并坚持到底，别让注意力随呼吸而转向全身，让它始终停留在你所选择的焦点上。

第五，你也可以在呼第一口气时默数1，第二次数2，第三次数3，一直数到10，然后往回数，每呼一次数一次，一直数到1，又往回数到10，这样循环往复。不要害怕在计数过程中走了神，你可以再回到1，从头开始。

第六，如果脑中有各种想法出现时，把注意力集中于呼吸，不要聚集于想法，让它出入你的头脑，既不追随，也不阻止。

第七，冥想过程结束后，慢慢从座位上站起来。在从事各项活动时，保持住冥想过程中体验到的平衡意识。用意识呼吸的方法去努力意识周围的所见所闻，不要急于脱离联想链。

冥想几分钟并集中注意于呼吸，我们可以有意使白天令人愤怒和受到伤害的体验记忆进入大脑意识。通常这种体验记忆会带来瞬间的情感反应。然而在冥想的宁静之中返回我们头脑中的记忆，不再带有任何的情感震动。我们就会以超然的目光来审视它，这是从冥想中学会的对待压力甚至任何思想的态度。

去倾听自己内心的声音

生活中，很多朋友不习惯去倾听自己内心的声音，应该说是没有这种意识，这表现出来的就是没有主见。确实，在生活当中，很多人会因为缺乏主见而陷入沮丧、恐惧甚至是冲突当中，而究其原因，皆是因为不倾听自己内心的声音所致。

在人生中获得成功快乐的人，他们往往喜欢追寻自己心中的声音，对自己都很真诚。

约翰·伍顿是美国的传奇，曾获终身成就总统奖。他受到美国普通民众和领导人的尊敬，是美国加州大学篮球队的前任教练。在20世纪的体育史上，他缔造了一个伟大的纪录，在他执教该队长达12年的时间里，一共10次获得冠军奖杯，其中包括一次7连冠。但他对自己的评价是——我只是一个忠实于自己信仰的普通人。他在自传中写到在他所忠实的信仰时，排在第一位的就是"对自己真诚"。在他与史蒂夫·贾米森先生所著的《成功金字塔》中，记载了这样一个关于他的真实故事：

我大学毕业那年，也就是1932年，东部以外的老的职业篮球联赛这时已经解体，来自原纽约凯尔特人队的一些球员准备在全国举行一次巡回比赛。

我那时在泊杜大学已经3次被评为全美最佳，并当选为1932年的年度大学最佳球员，由于这个缘故，我受到极大关注。凯尔特人开出的条件是：如果我参加这次巡回比赛，我会拿到5000美元。在那时5000美元可不是个小数目，虽然我没想过去打职业篮球，我在大学里学的也不是职业篮球，但参加这次巡回比赛对我的诱惑实在是太大了。

我去找了我的教练——原则性极强的兰伯特，我想听听他的建议。兰伯特教练把桌上的学生作业推到一边。他想了一会儿，然后说："约翰，这可是一大笔钱，是不是？"

我笑了笑，有些难为情地说："是啊教练，是一大笔钱。"

他没有马上回答，过了一会儿他问我："你来泊杜大学是为了这个吗？"

我有些糊涂了。我问："教练，你想说什么？"

他说："我的意思是，你到泊杜大学是为了能够到外面进职业篮球巡回比赛吗？"

我眨了眨眼，清了清喉咙，低头看了看鞋子。我说："不，教练，我不是为了这个，我是来受教育的。"

　　他说："约翰，我来问你个问题，你在这儿受到教育了吗？"

　　我说："是的，我认为是这样，我在这儿受到了很好的教育。"

　　他说："那就好，也许你今后能用到它。但目前的决定得由你自己来做，我不能替你做决定，你得自己做决定。"

　　兰伯特教练已经给了我答案。他让我回到了"老爸第一信条"——真诚地对待自己。

　　我其实清楚地知道该怎么做，兰伯特所做的只是把它引出来。我真正想做的是去教书和当教练。

　　生活中，我们在做重要决定时并不是总能幸运地得到别人的帮助。在很多时候，我们必须自己做出决定，而这也许是让人感到困惑和艰难的。如果你有勇气真诚地对待自己，那么通常你就不会做错决定。

　　当你看完这个故事之后，你可能会说："为什么不去赚那5000美元呢？有了5000美元也许还可以让自己更好地当教练呢！"也许你是对的，但重点不是赚不赚那5000美元。如果他这样去做了，那么他就是违背了自我，他做了自己并不想做的事，他对自己不诚实。如果你不能信任一个对你撒谎的人，那么，当你对自己撒谎时，你同样不会信任自己，你会开始自责。也就是说你打击了自信心，一个失去自信的人意味着失去一切，这才是重点。

　　或许当你对自己做到真诚时，最大的收获就是你能做回自己，做自己想做的人，过自己想过的生活。当你花了一辈子时间去完成某一件事情后，你却突然发现这件事情并不是自己想要完成的那一件，也就是说，你花了一辈子时间去做你自己本不愿意做的事情，那这就是你人生当中最大的失败。

　　对自己真诚的最高境界就是做回自己。如果你想成为你能够并且应该成为的那种人，你就必须知道你是谁并对自己保持真诚。

与自己的心灵交谈

如果要问世间最坚强的是什么，答案就是人的心灵。如果再问最脆弱的是什么，我想应该还是人的心灵。其实，人的心灵不但脆弱，还很复杂。因此，很多时候，我们的心灵常常因为太过脆弱、不能应付来自各个方面的压力而崩溃。而有的时候，我们甚至连自己的内心都看不通透，因此而常常后悔。所以，这就需要我们经常跟自己进行心灵对话。

某杂志上曾刊登过这样一篇文章：

澳洲有一位动物学家从亚马逊河流域带回两只猴子，一只壮硕无比，一只瘦小羸弱。他把它们分别关在两只笼子里，每日精心喂养，观察它们的生活习性。一年后，大猴子死了，小猴子还活得好好的。为了不中断研究，他又逮来一只壮硕的猴子，可是不久，这只壮硕的猴子又死了。数年后他又重返那个地方对猴群进行研究，结果发现，凡是体格壮硕的猴子，"人缘"关系都比较好。其他猴子弄到好吃的，它都能分享到一份。但这类猴子很少能静下来，它们总是处在不停地追逐嬉闹之中。而那些独自晒太阳和闭目养神的猴子则不同，它们被捉住后，却能长时间地活下来，而不像那些不善于独处的猴子，很快就死掉。这位动物学家因此得出结论：缺乏交往的生活是一种缺陷，缺乏独处的生活则是一种灾难。

这个现象强调的是：要重视内心世界的建设，懂得与自己的心灵交谈，从优雅、宁静的独处中感悟人生。当然，这不同于一味地离群索居，整天把自己关在屋里耽于幻想，而是工作、学习之余自娱生活的一部分。

开阔而清静的心灵空间是美好生活的一部分。相信我们每个人内心都有一个这样的心灵避风港，当我们在人生的旅途中走得累了、烦了的时候，不妨走进自己营造的心灵的小屋，安静下来，把琐碎的事情、生活的烦忧暂时抛到九霄云外，静静地倾听自己心灵的声音！

有人问古希腊大学问家安提司泰尼："你从哲学中获得了什么呢？"他回答说："同自己谈话的能力。"

同自己谈话，就是发现自己，发现另一个更加真实的自己。生活中的烦恼和压力、忧愁和委屈多得不胜防备，有时候要找一个适当的倾听者是比较难的，那我们就不妨选择说给自己听。这样的自我对话也是一种很好的自我减压的方法。与自己对话的时候，我们可以将自己扮演成两个不同的角色。比如，你工作进度完成得不理想，一个你可以说："太糟糕了，他完成了将近九成，而我才不到八成。"另一个自己说："她才完成了五成，而我完成了八成呢！"于是，比上不足比下有余，你的心里也就好受多了，轻松多了。这就是自我对话，在不耽误别人时间也不影响别人情绪的情况下，我们的心声也得到了倾吐，烦恼忧愁也得到了释放。

所以，当你不堪生活和心灵的重负而谁也帮不了你时，当你有满腹的话语又找不到人倾诉时，你千万不要绝望，因为还有一种"自我释放""自我对话"的习惯可以拯救自己，可以让你自己解放自己。其实，拥有宁静的心灵世界本来就是美好生活必不可少的，我们每个人内心深处都有一个这样的避风港湾。当我们在人生路上感觉疲惫的时候，不妨在此享受片刻的温馨。将生活的琐碎和工作的压力都抛在脑后，静静聆听心灵的声音，与自己交谈。

与自己的心灵交谈、与自己相处是一种艺术、一种境界。在与自己的谈话中，才能发现一个真实的自己，保持一份冷静和坦然。在与自己的谈话中，才能给我们带来思想上的顿悟和升华。当我们面对自己，便可摘下种种面具、包袱，得到彻底放松，把心灵中的真实情感和盘托出，细细梳理，慢慢品味。当面对自己，回首往事，正好可以给自己一个静思内省、扪心自问的机会，净化藏污纳垢的灵魂。

坐下来，并且保持静默

有一个探险家，到南美的丛林中找寻古印加帝国文明的遗迹。

他雇用了当地人作为向导及挑夫，一行人浩浩荡荡地朝着丛林的深处去。那群土著的脚力过人，尽管他们背负笨重行李，仍是健步如飞。在整个队伍的行进过程中，总是探险家先喊着需要休息，让土著停下来等他。

一连过了三天，探险家虽然体力跟不上，但希望能够早一点到达目的地，好好研究古印加帝国文明的奥秘。到了第四天，探险家一早醒来，便立即催促打点行李，准备上路。不料领导土著的翻译人员却拒绝行动，这令探险家为之恼怒不已。

经过细致的沟通，探险家终于了解到这群土著自古以来便流传着一项神秘的习俗：在赶路时，皆会竭尽所能地拼命向前冲，但每走上三天，便需要休息一天。探险家对于这项习俗好奇不已，询问担任翻译的向导，为什么在他们的部族中，会留下这么耐人寻味的休息方式。向导表情庄严地回答了探险家的问题："那是为了让我们的灵魂，能够追得上我们赶了三天路的疲惫身体。"

探险家听了向导的解释，心中若有所悟。他沉思了许久，终于展颜微笑，认为这是他这次探险中最好的一项收获。

凡事全力以赴，让自己动作起来时，浑身充满无比的冲劲，使得灵魂几乎也跟不上这样的动作，这的确是真正用心做事时，最美好的境界。但应该休息时，则该完全地放松自我，让疲惫的身心，获得完整的复原机会，好让灵魂得以追得上充满干劲时的步调。

　　加尔文说，只要我们能够坐下来，并且保持静默，我们生活中五分之四的烦恼都会不见了。我十分相信，安静是我们最难学的功课，我们总是在不知不觉中掉入整天团团乱转的光景。不要让自己陷入忙碌的陷阱，忙碌只不过是死神折磨人的伎俩，它能让我们在无尽的忙乱中消耗掉宝贵的生命，有时还会混淆了人生的方向。

　　有一个木匠在工作的时候，不小心把手表掉落在满是木屑的地上，他一面大声抱怨自己倒霉，一面拨动地上的木屑，想找出他那只心爱的手表。

　　许多伙伴与他一起找表，可是找了半天，仍然一无所获。等这些人去吃饭的时候。木匠的孩子悄悄地进到屋子里，没一会儿，他居然找到手表了！

　　木匠又高兴又惊奇地问孩子："你怎么找到的？"

　　小孩回答说："我只是静静地坐在地上，一会儿，我就听到'滴答、滴答'的声音，就知道手表在哪里了。"

　　还有一个故事：有几个老矿工，他们终日在极深的坑道中工作。有一天，矿灯竟熄灭了。他们在惊慌之余，到处找出路，一阵混乱的摸索后，更弄不清楚方向，几个人走得精疲力竭，只好坐下来休息。

　　其中一个就建议说："与其这样盲目乱找，不如坐在这边，看看是否能感觉风的流动，因为风一定是从坑口吹来的。"

　　他们就在那里坐了很久很久，刚开始没有一点感觉，可是一段时间后，他们的意识变得很敏锐，逐渐感受到阵阵十分微弱的风轻抚在脸上。他们顺着风的来处，终于找到了出路。

　　与其在慌乱中寻找人生出路，一事无成，不如静下来，使躁动的心灵沉淀下来，答案或许就呼之欲出。

　　一对年轻的美国夫妇，在喧闹的纽约市中心居住。时间一长，觉得生活就像部运转的机器，虽然总是在忙忙碌碌地转着，但太千篇一律了，即使是那些花样繁多的休闲娱乐项目，也像是麦当劳、肯德基等那些快餐一样，只能满足一时的胃口，过后很少会有余香留下的。于是他们决定去乡下放松放松，他们开车南行，到了一处幽静的丘陵地带，看见小山旁有个木屋，木屋前坐了一个当地居民。那个年轻的丈夫就问乡下人："你住在这样人烟稀少的地方，不觉得孤单吗？"

那乡下人说："你说孤单？不！绝不孤单！我凝望那边的青山时，青山给我一股力量；我凝望山谷，每一片叶子包藏着生命的秘密；我望着蓝色的天，看见云彩变幻成永恒的城堡；我听到溪水潺潺，好像向我的心灵细诉。我的狗把头靠在我的膝上，从它的眼中我看到忠诚和信任；这时我看见孩子们回家了，衣服很脏，头发蓬乱，可是嘴唇上却挂着微笑，叫我'爸'；我觉得有两只手放在我肩上，那是我太太的手，碰到悲愁和困难的时候，这两只手总是支持着我。所以我知道上帝总是仁慈的，你说孤单？不！绝不孤单！"

生活是否已成了"忙碌"的代名词？在不断地和时间追逐中，你是否已忘了独处的乐趣？我们绝对有必要拥有自我独处的时间，让我们可以冥想，让心情平静，感到轻松愉快。

冥想是绝对必要的，什么事都不做也不用有罪恶感。刚开始情绪也确实会剧烈地起伏不已，但没有关系，让情绪过去(它们总会过去的)，接下来，你将拥有生命中难得的经验。

冥想需要多练习才能驾轻就熟，要学习和孤独无聊空虚的感觉对抗，那些都只是假象，实际上，你一点都不孤独，你拥有的比想象中多许多。经常冥想也会带来健康。

在冥想的时间里，最好的事情是进行有关人生境界的静悟、学习和修养，它会使我们的心灵洗去肮脏的尘埃和琐杂的欲念，归于大自然的纯净开朗和沉静轻松。这是一种多么有益的生活啊！

如果不会冥想，总是将时间花在跟别人团团转上面，人生是不会充实的。

静心的工作，就是冥想

身处宁静的山中，可以听到泉水叮咚、鸟儿呢喃的声音，将心清静，甚至可以听到花开的声音。因此，人只有在宁静中才能发现世间原本被忽略的真、善、美，才能感悟出真正的人性，才能生活得悠闲舒适，才能谦虚和谐，才能感悟到真正的人生意义。想达到"宠辱不惊，看堂前花开花谢；去留无意，望天上云卷云舒"的人生境界吗？唯有心静才能达到！

古代，有一位国王非常喜欢画画。有一天，他昭告天下，广募最能代表宁静意境的画，一旦选中即有重奖。于是全国的画师们各个施展自己的才能，纷纷把自己最得意的作品送进王宫，请国王鉴赏。国王认真看了每一幅作品，有寂静的山村、静谧的黄昏、清幽的湖水……

结果，国王却出乎意料地选了一幅狂风大作、电闪雷鸣、气势上山摇地动的作品，并给予重奖。这使得许多大臣和画师十分不解，觉得此画与国王要求要表现宁静的意境没什么关系。国王看出大臣和画师们的疑惑，于是便让他们每个人仔细看那幅画。原来在雨幕中，在嶙峋山石的崖下有一个小缝隙，里面有一个鸟窝，一只小鸟正蹲在窝中，一副安详闲适的样子。这只小鸟的安详与外面翻云覆雨的闪电雷鸣丝毫没有关系。

国王之所以选择这幅画，是想告诉世人：宁静祥和，并非要到没有噪音、没有人生活的地方才能找得到。其实，宁静是一种感觉，一种心态。当一个人身处逆境也能保持心中的澄澈，才是宁静的真谛呀！

当我们放松以后，我们就可以着手静心了。静心是什么呢？打个比喻，静心就像让一杯被搅动得混浊的鸡尾酒沉淀下来。

我们每天都要遭遇很多外来的刺激，我们要对这些刺激做出回应。在这个信息爆炸的时代，我们需要主动接受很多信息，例如上网、上课等；还要被动接受很多信息，例如看广告、听客户唠叨、听领导训话……这些信息，对于我们，如同很多搅拌器同时在搅一杯鸡尾酒，使我们混乱甚至烦躁甚至——糊涂。

静心是解决这个问题的有效而直接的方法，因为我们的糊涂，很多时候是来自混乱。当我们让自己的心安静下来，我们就可以分辨什么是自己真正需要的。

静心，是为我们内在智慧的启动和运作提供一个空间，这内在的智慧，是我们的生命之本、力量之源。

静心的工作，就是冥想，也是心灵排毒的工作。

人类有一种非常伟大的能力，那就是想象。我们其实在随时随地使用这个能力，只不过我们一般情况下是在不自觉地使用，甚至是在负面地、消极地使用。例如有的人很容易焦虑，似乎随时会遭遇灭顶之灾。这样的人，就是想象了很多可怕的后果。他的想象力很强大，可惜用错了方向。

冥想本身，可以和放松、静心结合使用，也可以单独使用，因为我们随时随地都在想象。如果把我们原始的生命能量比喻为马匹，我们就是骑手。要驾驭一匹好马，骑手首先要做的，是了解马，和马交朋友，最后才可以驾驭它，让它和自己一起自由驰骋。冥想也是同样的道理。

在缺乏训练和指导的时候，我们往往是拙劣的骑手，不但不能驾驭好马，弄不好还会被马摔下来再尥上一蹶子。这个时候，我们会感觉到内心有冲突，力不从心，会骂自己笨蛋。另外一种情况是，我们不仅不能指挥马，相反会被马指挥，任由马载着四处乱窜，还自我安慰说这叫"顺其自然"。

冥想就好比我们首先要让马安静下来，愿意听我们指挥。接下来的冥想，就是驯服马匹的工作。

积极有效的冥想，要求我们能够非常投入、非常高度地集中精力，忘我地去想象一个场景、一个物体或者一个人。如果没有放松和静心的基础，我们的投入会很有限，注意力也很容易被分散，效果就大打折扣。反之，则会有神奇的功效。

内在的平静，是我们生活的根基，是生命品质的升华。内心缺乏平静的人，很容易被事件和他人所左右，犹如一片激流中的树叶，随波逐流漂浮不定。获得了内在的平静后，我们就变成波涛中的礁石，任由惊涛骇浪，我自岿然不动。

内在的平静，可以帮助我们在混乱或者危急的局面下保持清醒和冷静，这犹如一件隐形的铠甲，使我们免于很多伤害。例如，因为我们可以临危不乱，临危不惧，所以我们不会被消极情绪所折磨。这也犹如一把隐形的利剑，使我们可以披荆斩棘，克服重重困难，走向我们的目标。